Decimo Lucio Todde

Il bosco scomparso

Bat il porcospino

Decimo Lucio Todde

Dedicato alla natura che continuamente ci parla con amore.

Prologo

Secoli e secoli fa... (Ops, qualche anno fa), quando la gente viveva in un mondo tutto stressato e complicato, ed esistevano i maghi piromani, capaci di far scomparire i boschi in un battibaleno, accadde questa storia.

Ecco, fu così che, dopo un disastroso e doloso incendio, nel mezzo della cenere e di alberi scheletriti dalle fiamme, un porcospino, sopravvissuto all'ira del fuoco, incontra il maestro Attilio.

Tra i due nasce una bella amicizia e si sviluppa un grande progetto: far riapparire il bosco. Compito difficile, ma non impossibile per i due amici. Si decide di scrivere insieme un libro, dove si riportano emozioni, sogni, vissuti e speranze nonché le varie fasi della loro ardita impresa.

Piacere, mi chiamo Bat

Ciao a tutti!

Piacere, mi chiamo Bat. Bat è il mio nomignolo. Il mio nome completo è Battista. Già, mi chiamo Battista. Sono un porcospino. Sì, sì, avete letto bene: un porcospino irsuto e spinoso! Dapprima vivevo meravigliosamente insieme ai miei fratellini e ai miei genitori, nel bosco più bello del mondo (che fu il più bello del mondo), poi male.

Malissimo! Per quindici giorni, ho vissuto in mezzo alla solitudine grigia e fumosa. Qualcuno dirà: — *Ma no, dai... suvvia... un porcospino che scrive, non è possibile; non ci posso credere...* Grugnn... eppure, questa è la sacrosanta verità. Beh, per essere sinceri, direi che so solo parlare, (grugnire) poiché per scrivere, ci pensa un mio amico. IL MIO PIU' GRANDE AMICO! Si chiama Attilio e insegna alle scuole elementari. Il maestro Attilio! IL MAESTRO PIU' BRAVO DEL MONDO! Vi racconto subito in che modo ci siamo conosciuti: due mesi fa, esattamente l'undici agosto di una domenica mattina ultratorrida, mi stavo recando al ruscello che scorre più a valle del mio bosco, per un bagnetto terapeutico. Avevo il passo zoppicante per via di un'ustione di secondo grado sotto la zampetta posteriore sinistra. L'acqua scarseggiava, (quasi zero) poiché l'inverno scorso è piovuto poco. L'estate, arrivata infervorata dal sole supercaldissimo, ha colorato di giallo la campagna e prosciugato le sorgenti. Io, al ruscello, volevo andarci lo stesso, anche perché, in quei momenti di disperazione, mi sarei accontentato di una pozzanghera se pur inzuppata di cenere. Faceva molto caldo, tanto caldo; diciamo quarantacinquemila gradi, (sono un tipo esagerato, lo confesso) mi correggo: QUARANTACINQUE GRADI sotto il sole. Già, sotto il sole... perché nel mio bosco non si vede un filo d'ombra.

— *Ehilà, un porcospino!* — sentii alle mie spalle.

Preso dal panico, col cuore che mi batteva a cinquemila l'ora e facendo una fatica stratosferica, mi trascinai sul quel suolo lunare, che ancora odorava dell'agreste profumo delle querce, dei sugheri e dei castagni. M'infilai sotto una pietra, affumicata a tal punto che, a prima vista, la scambiai per un pezzo di carbone, (nel mio caro bosco pezzi di carbone ce ne sono a bizzeffe!) e mi arrotolai come una pallina.

— *Eppure l'ho visto! Era qui! Chissà dove si sarà cacciato?* — sentii ancora. Poco alla volta, vincendo tutte le mie paure, tirai fuori il musetto per vedere cosa accadeva intorno. Vidi due scarpe da tennis, color giallo canarino, e due gambe pelose: qualcuno era venuto a ficcare il naso dalle mie parti. Provai sconforto e smarrimento. Ah, se fossi stato un toro, l'avrei fatto correre... ah, se fossi stato un uccellino, avrei fatto un bel bisognino sopra la sua testa! Un porcospino, invece, con una zampetta bruciacchiata e per giunta senza il suo bosco, cosa avrebbe potuto fare? NIENTE! NIENTE! NIENTE! Mi rannicchiai in un cantuccio, non vi dico come rullava il mio cuore, mamma mia, (lei, purtroppo, non c'è più; non c'è più, per me, vuol dire che è andata da qualche parte e che presto tornerà). Attesi in silenzio le prossime mosse dell'inatteso ospite. Passò qualche secondo e, dal movimento delle sue scarpe, mi resi conto che quel signore era alquanto indeciso sul da farsi. Pensai che, dopo aver visto gli scheletri carbonizzati degli alberi, stesse per andare via. Mi sbagliavo... quel tizio era un gran testardo e un anticonformista per natura. Mi piantò lo zainetto a un palmo dal naso e sopra vi mise uno strano oggetto nero, che aveva un occhio soltanto come Polifemo. Mi ritrovai sotto la diretta osservazione di quello sguardo vitreo. Sentii crescere una grande fifa. Iniziai a sospettare in modo serio su quel tipaccio strafottente: "*Forse è lui, il mago che ha fatto sparire il mio bosco?*" pensai sospettoso, ricordando le parole della mia mamma. Mi aveva detto che al mondo esistono maghi spietati, capaci di far scomparire un bosco e trasformarlo in polvere e cenere. Vinto dalla paura, cominciai a scavare il terriccio fumoso, nella speranza di mimetizzarmi alla pari di uno scoiattolo striato del Canadà. Feci un groviglio di rovi, ossia complesse e spinose manovre tali da combinare baccano, tuono e frastuono. Un istante dopo, infatti, vidi le sue scarpe gialle, puntare verso di me. —*Ah, ecco dove ti sei nascosto!* — esultò il nuovo arrivato.

"*Sono in trappola*" pensai. Arrotolai ancora di più il mio corpicino e divenni una palla perfetta. Nel mio improvvisato rifugio non esistevano altre vie d'uscita e, in quei momenti, vi giuro che avrei preferito finire sui carboni ardenti, anziché tra le manacce di quel filibustiere. Dentro il mio petto, un canguro rosso australiano faceva a pugni con il mio cuoricino. Oltre al boxer, un caldo nauseabondo mi toglieva forze e respiro. Sotto la pietra affumicata stagnava un'afa opprimente; l'odore pesante del carbone mi tappava le narici. Se fossi rimasto là dentro per un'oretta, credo che, quel tizio mi avrebbe ritrovato in brutte condizioni, direi mummificato, come il faraone Tutankhamon, sì, quello famoso d'Egitto e così, veramente, avrei detto addio al mio bel bosco di carbone e cenere. Non un gemito, non un grugnito si levò dalla mia roccaforte. La mia eroica resistenza sarebbe durata fino all'ultimo spiraglio di libertà. *"Tanto gli uomini hanno poca pazienza,"* riflettei, "s*icuramente, questo tizio fra dieci minuti al massimo se ne andrà da qualche altra parte. Magari in qualche altro bosco nuovo di zecca senza un grammo di cenere, dove gli alberi, anziché scheletri carbonizzati, sono belli e vivi, pieni di foglie verdi e bacche dolcissime!"*. Il mio caro bosco era così. Eh, già! Quelli erano bei tempi, là, nel bosco della Quercia Gigante! Quante capriole e quanti ruzzoloni con i miei fratellini allo sbocciare della primavera scorsa! Purtroppo, sono scomparsi anche loro quel maledetto giorno di due mesi fa. No, no, quella data non l'ho scordata, come si fa a dimenticare una data del genere! Era il pomeriggio del ventisei luglio. Il cielo splendeva del suo colore azzurro, ma in breve tempo, divenne giallo e rosso, rigonfio di fiamme e di brace incandescente. In quei momenti, per chissà quale misterioso destino, mi trovavo da solo nel mio solito ruscello (in estate diventa un filo d'acqua segnato da alcune pozzanghere; se non fossi stato là, sarei scomparso anch'io, così mi ha detto Attilio). Per via del gran caldo e dell'aria fuligginosa non potevo assolutamente respirare. Ricordo un intenso dolore che si sprigionò dai miei polmoni, poi più niente, perché persi i sensi e mi svegliai (non so dopo quanto tempo) in quella landa incenerita e desolata... così scomparve il mio caro amato bosco! Tutto è cominciato alla fine di luglio: quel giorno era accaduto qualcosa che ancora oggi non mi so spiegare con chiarezza. Fin da quando sono rimasto l'unico abitante del bosco, (ora vivo in una casa con giardino, però mi considero ancora residente nel bosco) devo dire di essere diventato più diffidente e più pauroso del solito. Nonostante adesso ci sia tanta cenere e tanto carbone, per me rimane il bosco più bello del mondo. Non si può dimenticare il posto, dove si è nati e dove si è vissuti. Il bosco della Quercia Gigante è sempre nel mio cuore. Lo amo lo stesso, anche se non c'è più, anzi, ora, lo amo più di prima. Vi confesso che, per tutta la vita, non smetterò di cercarlo. Una vaga idea io l'avrei su questo misterioso fatto, più che un'idea, forse è una speranza che mi aiuta a vivere. Il mio amico, su questo punto, non è tanto d'accordo con me, infatti, quando gli dico che il bosco è scomparso, forse per colpa di un mago e che, comunque, un giorno, lo ritroverò, lui scuote la testa. Mi risponde: — *Mah! Vedremo... meglio non farsi illusioni.*

Sempre così. Quando mi risponde a quel modo, sulla sua faccia si stampa un punto interrogativo gigantesco e la sua voce assume un'intonazione neutra. Questo m'irretisce e mi fa diventare un po' triste. Tuttavia capisco che lui dice le cose per il mio bene, e allora riaffiora il buonumore, e ci scappa pure una risatina antimalinconia. Meglio riderci sopra...In questi due mesi credo di aver pianto abbastanza, non so a cosa potranno servire le lacrime di un porcospino bruciacchiato! Oh, povero me! LACRIME, LACRIME, LACRIME... tutte amare per me. Ero messo male, eh! Dopo, poco alla volta, le lacrime sono finite, grazie anche ad Attilio. (Ah, se non ci fosse stato lui!). Avreste dovuto vedere com'era bello il bosco della Quercia Gigante! Io e i miei fratellini siamo nati nel mese di ottobre (fra poco ci sarà il nostro primo compleanno). — *A proposito, Attilio, bisogna preparare la torta. Mi raccomando! La voglio di miele d'acacia e di ghiande macerate!*

Lui mentre sta scrivendo sorride. Scrive continuamente. Le sue dita trotterellano sulla tastiera alfanumerica. A ottobre faceva freddo, ma noi siamo nati nel bel calduccio della tana che la mamma aveva scavato nell'estate precedente. Ah, com'era felice, mia madre, quel giorno! Io, naturalmente, di quel giorno non ricordo una ghianda secca, però lei, tempo dopo, mi aveva raccontato tutto per filo e per segno. Mi aveva raccontato un sacco di cose la mia mamma. Mi aveva detto che la tana era grande, all'incirca, quanto il cestino di un contadino. L'ingresso era uno stretto cunicolo che, prima del letargo invernale, lei aveva, in parte, ostruito con il terriccio del sottobosco. Così dalla nostra tana si poteva sbucare direttamente in mezzo ad un fitto cespuglio di corbezzoli, lontani da occhi indiscreti. La mamma aveva lavorato a lungo per rendere confortevole il nostro giaciglio. Aveva portato un'infinità di foglie e ammucchiato tante di quelle ghiande (le ghiande attirano anche gli insetti) da saziare un battaglione di porcospini affamati. Sapete no, per un porcospino l'inverno è lungo. Scusate le divagazioni; continuo nel racconto: *"Allora, ti decidi o no a uscire?"* si agitò il tizio (il mio futuro amico) che mi aveva intrappolato sotto la pietra affumicata. *"Questo deve essere un po' allocco"* mi stupii. Figuratevi, piomba un tizio solitario dallo sguardo smarrito e comincia a parlare con me che sono un porcospino. Io, ovviamente, non battei ciglio. Immaginatevi, io che diffidavo di tutti, cosa avrei dovuto pensare di uno sconosciuto che si prendeva confidenze non autorizzate?

— *Dai su, vieni fuori! Come vuoi che te lo dica, in tedesco, in inglese, oppure in francese. Bada che so parlare anche l'arabo e perfino l'ostrogoto. Mi hai capito o no? Dai su, ricciolino, fai da bravo e vieni fuori!* — continuò lui.

"*Uffaaa! Chi sarà mai?*" sbuffai "*boh, non trovo spiegazioni... prima scompaiono il mio bosco, la mia mamma, i miei fratellini, il mio papà e tutti gli animali che vivevano qui, e ora spunta questo tizio con le gambe pelose... tutto straordinariamente incomprensibile!*" pensai, tenendo gli occhietti fissi sulle sue scarpe da tennis per controllarne i movimenti.

— *Sei per davvero un gran monello. Almeno rispondimi! Tenta di essere un pochino rispettoso nei miei confronti. Oh ciuffetto spinato! Neanche fossi un barbablù mangiaporcospini!* — continuò il tizio, alzando la voce che, per la verità, non aveva un'intonazione così severa, anzi suscitava nel mio animo un sentimento chiamato FRATELLANZA. Tuttavia, non feci nulla per dare un segno di vita, anche perché vidi che aveva poggiato le ginocchia sulla cenere e aveva abbassato le mani fino all'entrata del mio provvidenziale rifugio. Notai il suo orologio al polso: aveva tanti di quei pulsanti che non ci capii un brodo di giuggiole, (non sono un esperto delle scienze fitoterapiche) comunque... "*Ah, se fosse riapparso il mio bosco, questo rompiscatole non mi avrebbe incastrato qui dentro! Mi sarei nascosto sotto un mucchio di foglie secche, oppure mi sarei lasciato rotolare in un bel cespuglio di rovi. Così l'avrei voluto vedere il tizio con le gambe pelose! Ah, povero me, invece, senza il mio bosco...*" divagai, noncurante del caldo opprimente.

— *Ehi, dai, non aver paura, mica ti mangio!* — riattaccò lui.

Stavo per emettere un grugnito per fargli capire che mi arrendevo, ma quando vidi le sue mani che, dall'ingresso del mio provvidenziale rifugio, toglievano il terriccio misto alla cenere, un brivido saltellò sul mantello spinato. Pensai che per me fosse davvero finita, per fortuna si tirò indietro e implorò: — *Dai! Ti prego! Non sono cattivo, muoviti.*

Io non mollavo, aspettavo l'occasione giusta per lanciarmi fuori come un missile e scappare il più lontano possibile. Avrei mangiato tanto di quella cenere da far invidia al più satanasso dei lombrichi mangiaterra, ma ciò, in quel momento, non m'interessava più di tanto. Dopo una sua estenuante cantilena, che mi sembrava una ninna nanna simile a quelle che mi canticchiava mia madre, chiusi gli occhi e, vinto da un colpo di sonno, mi addormentai. Fu un sonno breve.

— *Ehilà, sei vivo?* — urlò il tizio di fuori.

Il suo grido risuonò nel mio rifugio come il belato di uno stambecco furioso. Ebbi un sussulto: — *Grugnnn!* — mi scappò.

— *Ah, finalmente, mi hai risposto. Urrah!* — si entusiasmò lui.

Sicuramente aveva sollevato anche le mani al cielo (devo ammettere che il mio amico ha pazienza da vendere). Rimasi ancora in silenzio.

Lui non si perse d'animo: giocò d'astuzia. Mi piazzò all'entrata della pietra affumicata quattro ghiande, che mi fecero trabalzare lo stomaco e venire l'acquolina in bocca. Nonostante la sua magnanimità, non mi fidai. Un sospetto entrò fulmineo nella mia testolina: *"Può darsi che questa sia una trappola volpina. Sarò il suo trofeo di caccia! Ecco... questo qui è un vero cacciatore di porcospini!"* mi balenò. *"Già, certo, perché non ci ho pensato prima? Oh, malva silvestre!"* pensai, non mancando, però, di lanciare occhiate alle ghiande e leccarmi il musetto. Come se mi avesse letto nei pensieri: — *Dai mangia! Non sono mica avvelenati!* — disse lui, spingendo le ghiande con un dito verso di me. Una vocina che mi partiva dal fondo dello stomaco mi diceva: *"Mangia! Mangia! Mangia!"* Il mio apparato digerente cominciò con un brontolio e dopo prese a rumoreggiare nella seguente maniera: *"Gnummmmm! Gnammmm!"*. La gola prese a gorgogliare così: *"Glo, glo, glo, glum, glum, glum!"*. Le papille gustative facevano: *"Sciuuunm! Sciaaaanm! Scimmm! Scimmm!"*.

Lui si accorse del mio disagio alimentare: — *Hai fame, eh, golosone!* Indietreggiai ancora un poco, ma non resistei oltre, quelle ghiande si trasformarono in una grossa calamita ed io in un piccolo chiodo arrugginito. Per tutto l'esofago si propagò un movimento vibratorio di notevole intensità e persi il mio self-control. Mi lanciai sulle ghiande a testa bassa e iniziai, incurante ai richiami della ragione, a sferrare i primi morsi. — *Uhm! Gnam! Gnam! Buone, buone...*

A un tratto, però, il mio provvidenziale rifugio si oscurò, sollevai lo sguardo verso l'entrata e rabbrividii. Vidi quel tizio. Era davanti a me, a un palmo dal mio naso. — *Ti piacciono, eh, come sei bellino! Dai, dai, mangia!* — mi sollecitò, osservandomi attentamente da dietro due occhiali da vista. Per la verità il suo viso non aveva un'espressione cattiva. Aveva una barbetta rada, i capelli corti e biondicci; un po' stempiato e un sorriso sulle labbra che prometteva bene. — *Grugnnn... grugnnn...* — feci, giusto per allontanarlo.

— *Non fare i ghiribizzi e pensa a mangiare.*

— *Grugnnn... grugnnn...*

— *Sei ultracapriccioso, eh!* — si lamentò. Io tentai un'ultima disperata difesa: ammucchiai nell'ingresso alcune zampate di terriccio e cenere. Fu vana l'impresa, poiché un acuto dolore alla zampetta ustionata m'impedì di completare l'opera. Ah, quanta sofferenza!

— *Perché ti comporti in questo modo?* — mi domandò stralunato.

Io non volevo sentire storie. Lui riprese: — *Ti giuro che non ti farò del male. Vorrei diventare soltanto un tuo amico. Dai, mangia ora in santa pace, quando verrai fuori, ci faremo una bella chiacchierata, eh, che ne dici?*

"Questo qui, mi sa, che vuol farmi la festa... I cacciatori di porcospini sono molto furbi. Meglio non fidarsi" pensai. Emisi una serie di grugniti per fargli capire, DEFINITIVAMENTE, che desideravo stare da solo nel mio caro bosco. A quel punto, lui forse si offese. Ritrasse la mano e si tirò su, mi ritrovai a osservare le sue scarpe da tennis e le sue gambe pelose. Riprese in mano lo strano oggetto dell'occhio nero, alias

Polifemo (in quel momento capii che si trattava di una macchina fotografica). Riprese anche lo zaino e sentii i suoi passi allontanarsi.

— *Oh, finalmente!* — grugnii. Mi rilassai e in quattro e quattro otto riempii la pancia di ghiande, nonostante odorassero di cenere. Mi leccai il musetto e attesi un altro poco. Ristagnava un silenzio tombale. Non si udiva nessun fruscio. Nulla... *"Santa misericordia, neanche un moscerino da mettere sotto i denti... neppure un lombrico mangiaterra... nemmeno un grillo canterino... e neanche un millepiedi pazzerello... oh, giuggiole! E' proprio ridotto male il mio bosco!"* pensai con una malinconia sconfinata. Quell'attesa sotto la pietra affumicata mi fece dimenticare la realtà. Si sa, la speranza è sempre l'ultima a morire. *"Forse,"* mi dissi *"un giorno, qualcosa cambierà!"*. Fu allora che mi promisi di ritrovare il mio bosco, avessi dovuto girare il mondo intero. *"Chissà dove sarà finito il tipo con le gambe pelose?"* mi domandai, rinvenendo dalle mie riflessioni *"Senza dubbio, si sarà stancato di stare sotto il sole, sarà disceso per il sentiero dei castagni, poi avrà oltrepassato gli alberi di ciliegio* (ah, com'erano buone quelle ciliegie!) *e sarà scappato via per qualche posto vicino al mare. Là si sta bene! Ci sono alberi e giardini sempreverdi, locali con l'aria condizionata e con le bibite colorate, belle fresche per dissetare la gente accaldata* (io, invece, sono qui con la mia pietra affumicata e con la mia pozzanghera ricolma di cenere). *Quel tizio avrà già la sua bibita in mano e sarà intento a raccontare, magari a qualche cameriere scocciato, che di me non gliene importa una bella giuggiola secca, di* aver visto un porcospino mezzo scemo. *Poi dirà, forse, che tutta quella cenere fa parte del ciclo naturale della vita e che, anzi, le piante e i porcospini ricresceranno più verdi e più spinosi di prima. Mah, io non ci capisco più una trottola di castagno!*" mi risposi, dando una scrollata alla mia zampetta bruciacchiata per provare se ci fosse ancora dolore. Eccome se ce n'era! Lancinante... che sofferenza! "*Almeno se ci fosse stata la mia mamma!*" mi dissi "*Mi avrebbe fatto un impacco di fiori freschi di calendula o di foglie di pimpinella, invece... neanche un gufo specialista in dermatologia!*" continuai tenendo la zampetta immobile. Tuttavia presi il coraggio a quattro zampe, perché sentii giungere l'attimo propizio per la fuga. Feci alcuni passi e misi il musetto fuori dalla pietra affumicata. Il cielo era azzurro, senza una nuvola. Un venticello caldo alitava sul mio bosco diventato un deserto di carboni fumanti. Lo scirocco sollevava cenere e tormento che m'impedivano di tenere gli occhietti aperti. Tirai il fiato e mi lanciai verso la libertà. Qualche istante dopo mi fermai di botto, poiché vidi a terra gli occhiali del tipo con le gambe pelose. "*Oh, querce benedette, deve essergli accaduto qualcosa...*" pensai. Mi voltai e lo vidi seduto a terra, poco distante dalla pietra affumicata. Si tastava la testa. Mi guardava fisso come se fossi stato l'autore di qualche crimine efferato.

"*Qui tira una brutta aria...*" mi dissi "*Conviene darsela a zampe!*" decisi tentando la fuga.

La sua mano si trasformò in una gigantesca pinza meccanica, afferrò il sottoscritto e lo sollevò dal suolo. La fuga finì nel peggiore dei modi, forse non era neppure iniziata. Beh, certo, io divenni rotondo e spinoso come un porcospino appunto, ma lui, mentre con una mano continuava a lisciarsi la testa, mi fece capire che non aveva nessuna intenzione di mollare la presa. Allora, mi ricordai di una cosa molto importante per me: non mi ero ancora abituato alle mie nuove condizioni fisiche, infatti, quel pomeriggio sul finire di luglio, quando il cielo azzurro era diventato rosso e giallo, quasi tutti i miei aculei si erano bruciacchiati e non pungevano più, come invece, avrebbero dovuto. Immaginate cosa vuol dire per un porcospino avere al posto degli aculei tanti bastoncini di gomma (oggi le cose sono un po' migliorate).

— *Come sei bellino!* — esclamò lui, facendo il tenero.

Da parte mia, non sapendo cos'altro fare per riguadagnare l'agognata libertà, gli mollai un morsetto sul dito mignolo che, vi confesso, avrebbe potuto frantumare una nocciola in mille pezzi. E lui: NIENTE. Se la rideva per un qual certo solletico che gli vibrava su tutta la mano. Nonostante ciò, non mollò la presa. " *Giuggiole! Questo qui ha la pelle dura!* " pensai. Devo ammetterlo, purtroppo, tale condizione è rimasta invariata.

— *Senti piccino, perché non diventiamo amici, eh?* — mi chiese ponendo la mano, che prima teneva in testa, sotto le zampette.

Avrei voluto rispondergli con le maniere forti, ma tanto non mi avrebbe capito, mi limitai a emettere alcuni grugniti lievi e ritmati che significavano una cosa soltanto: *Lasciami in pace!*

Lui invece: — *Sì, ho capito... ti fa male la zampetta...*

La zampetta mi faceva male per davvero, ma non era ciò che immalinconiva il mio sguardo; fosse stata solo la zampetta! Avrei preferito zoppicare per tutto il resto della mia vita pur di riavere il mio bosco. Sperando che capisse il mio stato d'animo, sollevai gli occhietti e lo guardai fisso in viso. Notai subito che sulla fronte spiccava una macchia nera di carbone. *"Ecco perché si tastava la capoccia. Probabilmente nel momento in cui si è alzato per andar via l'avrà sbattuta contro il ramo di quel sughero carbonizzato "* riflettei. Avevo perfettamente ragione. Infatti, lui, dopo aver raccolto gli occhiali, si voltò verso lo scheletro nero dell'albero, quasi volesse mostrarmelo. Dopodiché mi posò un dito sul musetto e mi accarezzò dolcemente. Quel gesto mi bastò per farmi grugnire in modo più docile. Lui non capì che io volevo dirgli soltanto una cosa.

Questa: *"Va bene, diventerai il mio più caro amico"*.

Lui di rimando:— *Che bellino! Che bellino! Così mi piaci.*

"Non sembra poi così allocco! " pensai, dandomi una scrollata per togliermi di dosso due manciate di cenere. Lo squadrai per bene: indossava una maglietta verde militare, completamente inzuppata di sudore, e calzoni corti color panna, macchiati di strisce nerastre (Carbone).

"Com'è ridicolo!" pensai.

Ciò, che ai miei occhi, lo rendeva più comico erano le sue gambe che, oltre ad essere pelose, erano anche storte. Pazienza! Nessuno è perfetto! Ognuno è com'è! Quel che conta è la salute! Evviva le gambe storte e pelose! Fu proprio questa sua particolarità a rendermelo più simpatico e a spianare la strada alla nostra amicizia.

— *Per prima cosa ti porterò da un veterinario. Una bella visita medica è ciò che ci vuole* — sentenziò il mio amico.

Per un attimo persi tutti i miei fiorellini di camomilla, ossia la pazienza: — *Come? Vorresti portarmi via dal mio caro bosco?* — protestai con grugniti così forti da mettere in fuga perfino un'aquila affamata.

Lui, niente. Non capì un truciolo di sughero.

— *Per seconda cosa, t'insegnerò a parlare, o meglio a comunicare con il sottoscritto* — continuò lui.

"*Questo deve essere un tipo fuori di senno*" ricordo che dissi tra i denti, leccando la sua mano per farlo rinsavire. Niente di niente.

— *Sono un insegnante e, nello stesso tempo, un giornalista. Scrivo per il giornale La Costa del Sole. Così arrotondo il mio striminzito stipendio da supplente* — riprese con quel suo modo di fare da babbeo che mi piaceva sempre più. A questo punto devo dire che la mia mamma mi aveva spiegato quasi tutto sulla vita degli uomini, ma di un tipo così stravagante non ho mai avuto sentore.

— *Devo svolgere un reportage sulla scomparsa del bosco della Quercia Gigante. Ora, se tu mi prometti di non scappare, ti scatterò una fotografia, sempre per il mio articolo, eh!* — continuò lui, non capendo i miei dubbi.

Lo fissai, sollevando più volte il musetto.

— *Oh, bravo, bravo... bravissimo!* — sorrise, posandomi delicatamente sopra la pietra affumicata — *Mi raccomando, tieni gli occhietti ben aperti, eh! Buono, fermo così... così, bravo! Fermo!*

Vi confesso che mi sentivo a disagio sotto lo sguardo di Polifemo, meno male che subito dopo arrivò il clic della macchina fotografica e lui mi riprese tra le mani.

— *Vedrai, ti pubblicheranno pure sul giornale* — mi rincuorò.

Quest'aspetto, invece, mi rese più triste... meglio restare anonimi ma avere il mio caro bosco.

— *FINE! Torniamo al presente. GRUFFF!*

— *Come? Fine? Su, Bat, vai avanti nel tuo racconto!* – mi esorta Attilio.

— *Ufff! Che sonnooo!* — sbuffo pesantemente.

— *Dai Bat, prosegui!*— insiste il mio amico.

— *Ci provo... grufff! Così...*(però, fior di giuggiole, ho un gran sonno...)

— *Vuoi andare a dormire?* – appallottola gli occhi lui.

— *Attiliooo! Non ce la faccio più... grufff! Credo che per stasera possa bastare così... grufff!*

— *Non sono neanche le nove... E' presto!* — brontola, sventolandomi sotto il naso, l'orologio automatico.

— *Dai! Attilio...*

— *Ora che scrivere diventava poesia!*

— *Io non sono un poeta. Dai, spegni il tuo coso... come si chiama...*

co... com...

— *Computer* — brontola, guardandomi con aria pietosa.

— *Dai, dai, su! Spegni! Ho sonnooooooo!* — lo supplico.

Lui si aggiusta gli occhiali e scuote la testa.

— *Insomma, la vuoi capire o no, che io sono un porcospino!* — gli ripeto abbastanza scocciato, cioè assonnato. Lui si gingilla ancora un poco con la tastiera. Sto per perdere un'altra volta i miei fiorellini di camomilla.

— *Aspetta, devo mettere soltanto un punticino. Ecco fatto...*

— *Finalmenteeegrufff...*

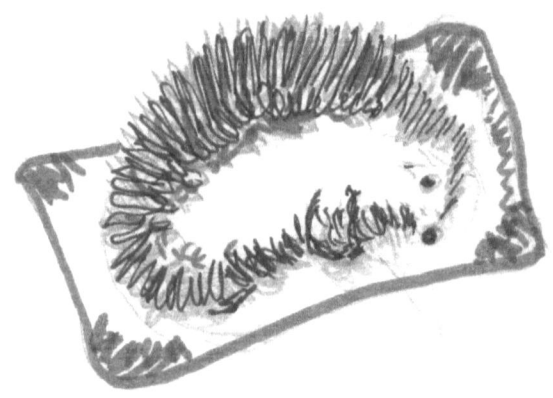

Stasera non ho sonno

Ieri è stato il mio primo giorno da scrittore, diciamo così. Che faticaccia! Ah, già, scusatemi tanto per la brusca interruzione, avevo un gran sonno... dalle quattro del pomeriggio fino alle nove di sera siamo rimasti incollati al computer (ci siamo fermati un quarto d'ora soltanto, dopo le sette, per mettere un bocconcino sotto i denti). Che sonno alla fine! Spero che stasera non si faccia tardi, perché a me viene il sonno presto.

— *Faremo tardi Attilio?*

— *Non credo...*

— *Come sarebbe a dire?*

— *Beh, tutto dipende dalla vena.*

— *Ieri sera eravamo in vena, allora?*

— *Siii!*

— *Allora Attilio, stasera cerca di essere meno in vena, intesi!*

Lui sorride. Uhm, che nervi! Oggi è stata veramente una giornata superformidabile, a parte un dolorino diffuso alle zampette, motivo? Maratona pomeridiana. Durante la mattinata non abbiamo scritto niente delle mie faccende e nemmeno delle sue. Non è stata la pausa dell'artista. Lui, dopo aver bevuto il caffèllatte e mandato giù due biscotti, è volato a scuola per fare la supplenza (non gli ha suonato la sveglia e ha fatto una corsa da record). E' rientrato alle due, dico due per dire ore 14.00. Stanchissimo. Appena entrato in casa, ha lanciato il suo impermeabile sulla poltrona del salotto e ha posato la sua grossa cartella sulla scrivania, dove c'è anche il computer. Poi è entrato in bagno: top secret. E' uscito dopo una decina di minuti... ah, gruf... (Scusatemi, mi è scappato uno sbadiglio).

— *Non dirmi di avere sonno* — borbotta lui.

— *No, no, Attilio, continua a scrivere!* Allora... già, già... è uscito dopo una decina di minuti con le maniche del maglione piegate fino ai gomiti. Aveva una gran voglia di mangiare un bel piattone di pastasciutta. Aveva solo voglia di mangiarla non certo di prepararla. Era uno straccio (io, invece, ero bello fresco, perché oggi ho dormito tanto, figuratevi senza l'impegno del computer! Nella tarda mattinata poi... me la sono spassata nel giardino di casa. Gran bel giardino!). Il pranzo non gli deve essere piaciuto. Ha ingoiato senza la delicatezza del buongustaio. Mi sembrava in preda a un raptus, ha fatto tutto in fretta: una scatoletta di tonno, una mozzarella, un pomodoro, un panino, una mela, un po' di vino e un caffè. Tutto a velocità supersonica, eh! (A me tutta quella roba non piace neanche a passo di lumaca, salvo per il pomodoro e la mela, sono un vegetariano io... beh, diciamo anche insettivoro... sìì, qualche vermicello me lo concedo, lo confesso). Qualche istante dopo, ho visto il suo piatto sporco sul lavandino, ha fatto una gran fatica per lavarlo insieme alla tazzina del caffè e alle posate. Subito dopo si è messo a letto, anch'io ne ho approfittato per schiacciare un pisolino. Russava e russava senza sosta. Insegnare alle scuole elementari deve far venire molto sonno. Dopo una buona mezz'ora, si è svegliato e, senza dirmi neppure ciao, (però non mi sono offeso) si è messo a correggere i compiti dei suoi alunni.

L'ho sentito brontolare: " *tre per sette non fa diciannove... tre per otto ventiquattro, giusto! Tre per nove non fa ventotto... Ufff!* ".

Poi l'ho sentito dire: " *Vediamo un po' la storia... Re Sole, Napoleone, Mazzini, Camillo Benso conte di Cavuor...* " e ancora "*Un'occhiata alla geografia... quante regioni ci sono in Italia? Con chi confina l'Italia? Quante nazioni ci sono in Europa?* ".

Quante cose! Povera testolina di un porcospino!

Verso le cinque del pomeriggio siamo usciti da casa: destinazione biblioteca. **Libro scelto: Trattato di Botanica. Capitolo VI:**

Come far riapparire un bosco scomparso.

Che materia interessante! Non poteva scegliere libro migliore, altrimenti, vi giuro, non avrei messo zampa là dentro. Subito dopo siamo andati a trovare una sua amica, (secondo me è più di un'amica), insegnante anche lei, ma di ruolo. Mamma mia che stanchezza! Siamo saliti su per le scale fino al secondo piano, nonostante mi abbia trasportato lui, le zampette mi facevano male lo stesso, non so per quale motivo, comunque mi facevano male. Lui mi ha detto: — *Potrebbe trattarsi di una questione psicologica.*

Di queste questioni psicologiche ci capisco poco. Mi sono riempito la pancia di dolcetti. Lo ammetto. Qualche vizietto me lo sono preso.

Lui non ha fatto altro che ripetere: — *Carla qui... Carla là... i tuoi capelli biondi... le tue lezioni di geografia... tutti apprezzano il tuo lavoro... anche il direttore ti stima tanto... come sei brava Carla... com'è buono il caffè...*

Io non ho detto niente. Avrei urlato volentieri: " *NON ANDARE IN BAMBOLA* " .

Lui, intanto, continuava nei suoi salamelecchi balbettanti e inconcludenti. Buon per lui che Carla ha concentrato la sua attenzione sui miei aculei bruciacchiati. Non ha smesso di accarezzarmi.

— *Oh, che peccato!* — ha ripetuto più di una volta e più di una volta il suo dito profumato di smalto si è posato sotto il mio naso. Ho fatto due, tre starnuti da spavento. Evidentemente sono allergico alle vernici. Attilio mi ha detto che anche gli starnuti sono causati dalle solite questioni psicologiche. Il motivo è sempre quello: la scomparsa del mio bosco. Anche il veterinario ipotizzò una probabilità del genere.

"La scomparsa di un bosco può causare questo e tanti altri guai" disse.

Mah, cosa volete che ci capisca un porcospino in tutta questa faccenda!

— *E adesso, quali sono i progetti futuri per quanto riguarda Bat?* — gli ha domandato Carla, guardandomi con occhi languidi.

— *Beh, bisogna che prima guarisca completamente, poi si vedrà...* — ha risposto lui, passandosi la mano sui capelli.

Io sono rimasto ancora zitto, in certi momenti meglio stare zitti. Se avessi aperto bocca, avrei gridato ai quattro venti tutto ciò che mi racconta, quando mi parla di lei fino alla nausea. Quando mi parla di lei, ha sempre gli occhi lucidi. Sembra un attore di vecchi film americani che osservano smarriti il mare tempestoso in lontananza, con il cuore in gola per via di un'altra Carla.

— *Sono passato da te, per restituirti quel libro di grammatica* — le ha detto poi lui.

"*Trottole e frottole* " mi sono detto io.

— *Domani non hai supplenza?* — gli ha domandato lei, portando sul tavolino del salotto due succhi di frutta alla pesca.

— *Domani niente scuola. Ne approfitterò per prepararmi alcuni servizi per il giornale. A proposito, devo correre dal fotografo per sviluppare un rullino di fotografie.*

— *Che genere di servizi stai svolgendo?*

— *Mi sto occupando di salvaguardia ambientale. Il grave problema degli incen... meglio non parlarne... guarda un po' qui!* — ha risposto lui. Mi ha lanciato un'occhiata pietosa che mi sono sentito a disagio. Carla ha scosso la testa e le è scappata una bugia: — *Ora capisco, chissà quanti animali saranno morti bruciati!*

Mi sono sentito mancare, sembrava come se il mio sangue si fosse tutto raffreddato di colpo. Ho sbarrato gli occhi e sono rimasto immobile e sconsolato a osservare il mio amico. Lui mi ha guardato fisso e mi ha parlato con gli occhi: "*Sta tranquillo, non è come dice lei*". Si è rivolto nuovamente a Carla: — *Secondo me, invece, tutti gli animali del bosco non sono morti, sono solo scappati per chissà dove e, presto, torneranno.*

Quelle parole mi hanno riempito di buonumore. Carla ha fatto tintinnare il bicchiere per il cin cin; Attilio ha sorriso. Io ho atteso paziente senza battere ciglio. Subito dopo siamo andati dal fotografo, mezz'ora d'attesa per sviluppare le foto. Sono rimasto ad aspettare vicino ad Attilio, arrotolato in una sedia accanto. Appese alle pareti illuminavano il locale tante belle fotografie a colori. Le ho osservate estasiato, sospirando di frequente. Una in particolare ha attirato la mia attenzione: alte betulle dalle foglie verdi verdissime, incorniciavano una sorgente d'acqua cristallina. Ho pensato alla sorgente del mio bosco, che non è scomparsa, ma non è più scintillante e pura; (altro incantesimo del mago) è sempre torbida di cenere e carbone. Attilio mi dice che anche per la sorgente ci vorrà del tempo. Ci vuole sempre tempo... Non riuscivo a togliere gli occhi da quell'immagine quasi fossi stato ipnotizzato dal più grande incantatore di serpenti, pardon, di porcospini. Il mio amico si è preoccupato molto. Più di una volta mi ha detto: — *Stai bene, Bat?*

Io ho fatto finta di niente per non creargli particolari problemi. Credo, comunque, che abbia capito tutto, infatti, subito dopo, mi ha sussurrato:

— *Su, Bat! Allontana la malinconia! Ok?*

Forse avrebbe voluto dirmi tante altre cose belle sul conto del mio caro bosco. Particolari che io non conosco; alberi in ferie: le querce sono andate a farsi una bella vacanza ai Caraibi, i castagni sono scomparsi soltanto per gioco e i sughereti sono in crociera nel Pacifico verso i mari del Sud. Magari gli alberi del mio bosco stanno facendo il giro del mondo in ottanta giorni! Dunque... vediamo un poco... sono scomparsi il ventisei luglio, allora... ventisette, ventotto, ventinove, trenta, trentuno e sono cinque giorni di luglio, non contando il ventisei... poi… uno, due, tre, quattro, gnum, gnum, gnum, gnum, gnum, trentuno di agosto e sono trentasei, più uno, due, tre, gnum, gnum, gnum, gnum, gnum, trenta di settembre sono sessantasei, più uno, due, gnum, gnum, gnum, gnum, dieci giorni di ottobre (oggi è 10 ottobre) fanno esattamente, correggimi se sbaglio Attilio, settantasei. Quattro giorni! Evviva! Fra quattro giorni, Attilio, i sughereti ritorneranno nel bosco della Quercia Gigante! Lui sorride. Lo sapevo: non mi ha preso sul serio. Mi fa una stizza! Diecimila calcoli matematici per nulla, ah, che mal di testa! Dal fotografo, comunque, quelle sue parole mi hanno un po' rincuorato e, in quel momento, ho capito in fondo di essere stato fortunato. Nei miei occhietti, pur tuttavia, permane il velo languido della nostalgia. Attilio mi ha detto che anche quella è una questione psicologica, una vera malattia dell'anima. Per guarire ci vorrà del tempo (dovrò campare come Matusalemme). Dopo aver ritirato le foto (nonostante tutto sono venuto bene) siamo andati al solito supermercato per fare la spesa, ormai le commesse mi conoscono abbastanza bene. Mi dicono sempre: — *Come sei bellino!.*

La settimana scorsa, al supermercato, stavo per combinarla grossa: c'era tanta gente a fare la spesa, io avevo voglia di fare la pipì e resistevo... resistevo... perché ad Attilio non volevo fargli perdere tempo prezioso. Ho resistito fino alla cassa, poi, improvvisamente, a denti stretti gli ho ripetuto: — *Fai qualcosa, presto!*

Per fortuna che lui ha capito tutto al volo. Mi ha preso in fretta e furia e ha fatto una corsa verso la toilette, tra le boccacce dei clienti. Dopo aver fatto i miei bisognini, lui si è sobbarcato un'altra fila alla cassa. Mi ha lanciato delle occhiate... anche perché qualche odore sgradevole si era sparso nell'aria. La commessa alla cassa mi ha guardato scuotendo il capo e non mi ha neanche accarezzato la zampetta com'era solita fare. Una volta entrati in macchina, lui mi ha fatto una ramanzina che non vi dico. — *Almeno potevi avvisarmi anzitempo* — mi ha rimproverato e ha sbuffato. Se lo avessi avvisato prima, mi avrebbe fatto una ramanzina perché, in questo caso, gli avrei fatto perdere tempo prezioso. Non ha aggiunto altro alla sua ramanzina, perché io ho fatto il grugno e gli ho gridato: — *IO SO-NO UN POR-CO-SPI-NO! La vuoi capire, sì o no!*

Allora lui è scoppiato a ridere, mi ha dato una carezza e ha pronunciato: — *E va be', come non detto.*

Oggi invece, non ho avuto nessuna voglia di visitare i bagni. Tutto è filato liscio o quasi liscio. Sapeste quanta roba ha comprato: carne, pesce, pollo, pasta, formaggio, latte, caffè, vino, acqua minerale, aranciate, aperitivi, succhi di frutti e, buon per me, il miele d'acacia. Quando sono passato vicino al bancone delle noccioline, mi è venuta un'acquolina in bocca da svenimento. Mi sono piantato là e non c'è stato verso di smuovermi.

Lui mi ha implorato: — *Ehi, dai Bat, non fare così...*

Subito dopo ha messo nel carrello della spesa tre pacchetti di noccioline, che erano scivolati a terra. Solo allora mi sono deciso a rientrare nel mio solito posticino (lui mi ha insegnato a piazzarmi in un angolo del carrello). Vi spiego come sono scivolati a terra i pacchetti delle meraviglie: dunque, come ho già detto, eravamo vicini al banco vendita delle noccioline ed io sono saltato dal carrello. Ho approfittato della sua distrazione perché lui si era imbambolato davanti alle confezioni del caffè (quando fa la spesa, è di un'indecisione unica). Sono sicuro che in quel momento avrà pensato: *"Quale prendo? Questo mi piace di più col latte... quest'altro dopo pranzo..."*.

    — *Non è così, Attilio? Confessa!*

Lui sorride e annuisce.

Così, grazie ai suoi dubbi, mi sono infilato tra un pacco di noci e uno di castagne secche. Ho tentato di strappare un pacco, sferrando una serie di ripetuti attacchi ma, giuggiole, quelle confezioni erano troppo dure per i miei denti. Beh, almeno ci ho provato, se non altro mi sono immerso in un vago profumo di bosco. Quel profumo artificiale mi ha provocato due starnuti da far sobbalzare il maestro più distratto del mondo. L'allarme, così, è stato lanciato e i suoi dubbi sulle confezioni del caffè sono svaniti:

— *Guarda, dove ti sei cacciato!* — ha esclamato.

Mi sembrava un eschimese svegliatosi nel deserto del Sahara. Devo dire che per un attimo sono tornato a essere il dispettoso della pietra affumicata.

Lui ha detto: — *Sei sempre il solito* — ha allungato la mano per acchiapparmi e... Pam! Pum! Pom! Ecco come sono scivolate a terra le noccioline. Che figura!

Due signore l'hanno guardato con una faccia... è diventato rosso rosso e ha borbottato qualcosa che nessuno ha capito. Per evitare altre figuracce ha raccolto i pacchetti delle noccioline e li ha messi nel carrello della spesa.

Così mi sono deciso a muovermi.

Il conto è stato salato, infatti, mentre pagava, l'ho visto un po' giù, così l'ho rincuorato: — *Guarda... che le noccioline non c'entrano granché...*

La cassiera, sentendo i miei grugniti (sì, perché io parlo con grugniti ritmati e modulati, me l'ha insegnato lui e solo lui può capirmi), mi ha accarezzato la zampetta:

— *Che bellino! Che bellino! Che bellino!* — ha sorriso.

— *Ci risiamo...* — ho protestato — *Ma cosa ci trovano di bellino in un porcospino con gli aculei ancora bruciacchiati e, per giunta, quando fa i suoi bisogni, spande nell'aria un odore che fa spalancare gli occhi e scuotere la testa? Boh... anzi, grugnnn!*

Lui, alla mia osservazione, ha sollevato le sopracciglia e mi ha lanciato un'occhiata simile a quelle che lancia a scuola, quando ordina: — *Silenzio in aula!*

Ovviamente la cassiera non ha afferrato una virgola. Mi ha ripetuto: — *Che bellino! Che bellino! Che bellino!*

Arrivati a casa, lui ha continuato: — *Senti, Bat, una cosa del genere non devi neanche pensarla. Io, per te, sono disposto a fare qualsiasi sacrificio. Che cosa vuoi che mi pesino tre pacchetti di noccioline e un barattolino di miele?*

Io sono rimasto senza parole, i miei occhietti li ho sentiti inumidirsi e una lacrima mi è scappata giù, fin sopra le narici. Capendo tutta la mia commozione ha aggiunto: — *Non   temere... vedrai che lo ritroveremo il tuo caro bosco.*

Per tutta risposta gli ho stampato sulla guancia due bacetti. Si è fatto subito tardi. Io mi sono sistemato sul mio tappetino vicino alla mia scodellina, mentre lui ha iniziato (per la verità sbuffando) a preparare la cena. — *Con il grembiule da cucina in dosso mi piaci tanto, Attilio.*

Allora, dicevo... dopo aver sbuffato a sufficienza, ha cominciato a fischiettare, mentre metteva una pentola piena d'acqua sul fornello. Avevo capito subito che aveva intenzione di fare la pastasciutta ancor prima che tritasse aglio e prezzemolo. In cucina, devo essere sincero, ci sa fare. Quando ci si mette, è bravo, bisogna dirlo, quando ci si mette però... il più delle volte zip... una scatoletta di tonno! — *Allora Bat, li gradisci due spaghettini?* — mi ha chiesto prima di riempirsi il piatto.

— *Non posso mangiare sempre noccioline* — gli ho risposto, facendogli cenno di riempire la scodellina.

Gli spaghetti alla passata di pomodoro li ho disintegrati con un assalto all'arma bianca. Dopo il primo, mi ha messo sotto il musetto, una carota appena sbollentata e un tocchetto di formaggio dolce. Lui, invece, si è scolato un altro mezzo bicchiere di vino. — *Ehi, vacci piano col rosso!* — gli ho intimato.

— *Va bene, dottore* — ha scherzato lui.

Dopo il vino ho visto scomparire tra i suoi denti una mela succosa (la buccia me la sono pappata io). La sera gli spaghetti sono pesanti, infatti, alla fine avevo la pancia piena pienissima che mi è scappato pure un ruttino. Lui, però, non se n'è accorto, perché stava lavando i piatti. L'acqua del rubinetto, quando scende, fa un gran rumore, infatti, io non ho sentito neanche le sue ripetute sbuffate. Dopo un poco, mi è venuto sonno (non scambiatemi per un dormiglione scansafatiche), eh, già... cosa ci posso fare? Ho cominciato a russare. Devo aver russato molto forte, perché improvvisamente nelle mie orecchie sembrava che fosse scoppiato il finimondo. Un urlo fortissimo ha sballottato dentro le mie trombe di Eustachio: — *Baaaaaaaaat!*

Ho aperto gli occhi (e chi non li avrebbe aperti) e mi sono trovato lui a pochi centimetri dal mio naso che mi mostrava, oltre al broncio, anche

l'orologio: — *Ehi, Bat, ma che combini? Guarda un po' che ore sono!*
— *Lo so... è ancora presto per sonnecchiare. D'accordo, andiamo a*
scrivere! — gli ho risposto, facendo un grande sforzo di volontà per
seguirlo nel suo studio. Sono qui accovacciato da un'ora buona, a
dettargli tutto ciò che mi passa per la testa. Che pazzo sono stato ad
accettare di scrivere questo libro! Ora sarei stato lì, sul mio tappetino a
stiracchiarmi nel sonno e magari a sognare il mio bosco. Attilio, però,
mi ha detto che il libro serve proprio per il mio bosco, per farlo
riapparire insieme alla mia mamma, ai miei fratellini e al mio babbo.
Io, per la verità, mi chiedo in che modo un libro riesca a far riapparire
un bosco scomparso, ammesso che riusciamo a scriverlo questo libro
(sonno incombe). Il mio amico mi ha già informato che domani
inizieremo a scrivere di buon mattino, dopo che avrà completato
l'articolo per il suo giornale. Domani sarò scrittore a tempo pieno (sarà
dura!). Allora... allora... ah, già, eravamo rimasti alla fotografia nel
bosco, quando lui mi posò sopra la pietra affumicata. Come vi ho detto,
il rullino l'abbiamo fatto sviluppare soltanto oggi, (son trascorsi già due
mesi) perché l'articolo giornalistico è stato rinviato più volte. Il capo
redattore gli aveva comunicato che pubblicare un articolo su di un
bosco scomparso, durante il periodo di maggior flusso turistico,
sarebbe stato molto rischioso. Il rischio sarebbe stato nel fare
terrorismo e basta. Io mi ero immaginato i giornali che sarebbero
esplosi nelle edicole per colpa del mio bosco. Attilio mi aveva spiegato
che, con il giornale si fa soltanto terrorismo psicologico (c'è sempre la

psicologia di mezzo). — *Questo vuol dire che i turisti si spaventano e se ne vanno via, dove i boschi non sono scomparsi* — mi aveva ripetuto Attilio.

Dopo altri venti giorni di attesa, il capo redattore aveva storto la bocca: — *E' un articolo difficile questo del bosco, ormai siamo fuori stagione... alla gente un bosco scomparso non interessa più. Comunque, vedremo più avanti.*

Secondo me, quest'articolo non lo pubblicheranno mai. Pazienza, sarebbe stato meglio andarmene in crociera con i sugheri a fare il giro del mondo in ottanta giorni. Attilio, riguardo all'articolo, aveva glissato, mi aveva confortato: — *Non preoccuparti, per il momento pensa a guarire!* Ora mi conferma: — *Domani mattina completerò (spero) l'articolo con tanto di fotografia e lo trasmetterò al giornale con un fax.*

Non per fare il gufo, ma sarà un lavoro sprecato: l'articolo diventerà carta straccia.

— *Non essere pessimista* — mi dice lui.

— *Sarò ottimista, tanto non cambia nulla* — gli rispondo svogliatamente. Nei mesi di agosto e settembre ha scritto poco più di tre articoli giornalistici: roba di poco conto, giusto, per riempire gli spazi vuoti della quinta pagina del giornale. Lui si è annoiato da morire.— *Queste cose non sono molto importanti per il libro, Bat* — mi spiega. Lui scrive tutto ciò che gli racconto. Dopo avermi scattato la fotografia sopra la pietra affumicata, mi riprese tra le mani e mi coccolò alla pari di un gatto siamese, ne avevo bisogno, eccome se ne avevo bisogno... Mi dissi: *"Che colpa ne ho io di questa magia nera? Io volevo fare la mia vita di porcospino nel mio bosco verde verdissimo"*. Vi pare molto, tutto questo? Il mio amico si tolse il fazzoletto di tasca e mi pulì con tanta cura, perché mi era rimasta addosso una buona mano di cenere, tanto da sembrare un fochista di una locomotiva a vapore.

— *Dai, ora rientriamo a casa!* — mi disse — *E' già mezzogiorno, non puoi restare qui in queste condizioni.*

Risposi che mi dispiaceva moltissimo andarmene dal mio bosco, ma lui non capiva ancora i miei grugniti. Dovevo stare zitto e affidarmi completamente alla sua bontà. D'altronde non avevo altra scelta. Il mio fiuto di porcospino mi diceva che lui era la mia unica grande speranza per riavere ciò che avevo perduto. Mi accarezzò ancora amorevolmente e mi pose in una taschina dello zainetto, ovviamente, tirai subito fuori il musetto (sono un curiosone). S'infilò lo zainetto in spalla e si avviò giù, per la vallata color fumo. Io, mentre lui andava via, fissavo smarrito ciò che era rimasto di quel che un tempo fu il bosco della Quercia Gigante. Là, tra quegli alberi scheletrici, lasciavo tutti i miei più bei ricordi e gli affetti più grandi. La cenere era dappertutto, anche dentro il mio cuoricino di porcospino (altro sortilegio del mago). Tutti i miei sogni si allontanavano inesorabilmente. Più il mio amico scendeva a valle e più si delineava davanti ai miei occhi ciò che era rimasto del mio mondo. Quando ci apprestavamo a raggiungere il fondo valle, un paesaggio lunare si disegnò dinanzi a me, allora mi ripromisi: *"Non può finire così... ti ritroverò mio caro e amato bosco, un giorno ti ritroverò insieme ai tuoi profumi e ai miei sogni"*.

Raggiungemmo il suo fuoristrada e ben presto mi ritrovai nella mia nuova casa. Devo dire che mi è subito piaciuta: una bella casettina a piano terra, dipinta di un color verde foglia, circondata da un giardino niente male. Un angolo chiazzato di rose gialle e porpora, una fila di gerani e una di margherite, un pesco, un vecchio carrubo, un ciliegio più alto della casa, due filari di pomodori: UAAAAH! STREPITOSISSIMO!

Però... però... il mio bosco era un'altra cosa. La veranda sul giardino mi piace da morire, è in travi di legno sormontati da un rivestimento di tegole invecchiate. Le stanze sono sei in tutto, compreso il bagno, non sono tanto spaziose ma in compenso confortevoli. L'ambiente che più mi piace, oltre al giardino, è il salotto, no, non è questione di arredamento, ma di pisolini; il salotto è il luogo dei miei sogni. Il suo studio è carino (è pieno di libri). Un tempo quella era stata la sua cameretta, allora, in quegli anni dell'infanzia, viveva ancora con i suoi genitori. I genitori non ci sono più, sono volati in cielo.

— *Loro sono sempre dentro il mio cuore* — mi dice, toccandosi il petto.

— *Allora anche i miei genitori con i miei fratellini sono volati in cielo, perché io li sento sempre dentro il mio cuore?*

— *Non è detto Bat, magari un giorno riappariranno come*

d'incanto insieme al tuo bosco, ma tu, ora devi pensare solo a guarire, intesi! — mi risponde accarezzandomi il panciotto.

Quella domenica d'agosto, appena arrivammo a casa sua, mi disinfettò la zampetta bruciacchiata con l'acqua ossigenata e poi mi spalmò una pomata bianca.

— *E' molto efficace per le ustioni, mio caro Battista* — mi disse mentre spalmava e massaggiava.

"*Battista! Cosa c'entra questo Battista, ora?*" mi chiesi con grande sorpresa.

Da quel momento in poi ha continuato a chiamarmi Battista. Battista di qua, Battista di là, Battista di lì... poi, per comodità, Bat di qua, Bat di là, Bat di lì... così sono diventato Bat. Sì, dai, Bat mi piace, mi sono anche affezionato ora... certo avrei preferito un nome più battagliero, più da indiano pellerossa, come ad esempio Cactus Pungente, ecco, questo mi sarebbe piaciuto di più. Mi sarebbe piaciuto anche, che ne so, Garibaldi, no, no, Garibaldi no, troppo impegnativo, meglio Pier del Mancio (dopo vi spiego). Inutile scervellarsi per il nome, ormai ce l'ho e me lo tengo, via, su, Bat, in definitiva, mi piace.

Dopo un po' di tempo, quando ormai comunicavo alla grande con il mio amico, gli ho domandato: — *Scusa Attilio. Perché mi hai chiamato Battista?*

Lui ha fatto una faccia da Arlecchino: — *E' stato il primo nome che mi è saltato in testa* — mi ha risposto.

No comment!

La pomata per le ustioni l'aveva comprata in farmacia il mese prima, quando si era scottato con il forno elettrico (Ah, com'è sbadato!). Appena spalmata la pomata e finito il relativo massaggio, sentii la zampetta fresca freschissima e un gran sollievo spandersi per tutto il corpo. Quel giorno pranzammo in veranda; c'era una bella arietta che faceva veramente piacere, soprattutto dopo la sauna sotto una pietra affumicata piena di cenere. Il resto della domenica, lo trascorsi in giro per il giardino, naturalmente, iniziai la mia passeggiata dopo aver schiacciato un pisolino da tre quarti d'ora. Andai a caccia tra i filari di pomodori, alla ricerca di insetti nocivi per le piante, e anche di lombrichi (Attilio mi ha detto che i lombrichi non vanno bene per un porcospino). Io vado a caccia non per sport, ma per necessità biologica: devo assumere necessariamente delle particolari proteine che si trovano in alimenti naturali. Attilio, mentre scrive, scuote la testa (dopo la scomparsa del mio bosco ho dovuto modificare il mio menù... insomma, per sopravvivere ci si arrangia e, se ogni tanto ci scappa un lombrico, non casca il mappamondo).

— *E' vero, te lo giuro!* — gli dico sollevando la zampetta sinistra.
Lui non sopporta che io vada alla ricerca delle proteine naturali. Purtroppo non acchiappai un insetto e non vidi un verme in giro, nemmeno un verme parassita. Lui venne più volte a cercarmi per controllare cosa stessi combinando.

— *Paura che ti distruggessi l'orto?* — lo punzecchio.

— *NoOoOoO! Volevo solo sgranchirmi le gambe* — mi risponde

facendo il diplomatico.

Aveva dovuto interrompere spesso le sue amate letture sotto il fresco della veranda, per sgranchirsi le gambe, come ha detto lui (ho i miei dubbi). Sul tardi vennero a farci visita alcuni suoi amici, c'era anche Carla. Lui me li voleva presentare a tutti i costi. Io, per tutta risposta, mi arrotolai su me stesso come un batuffolo di lana... oh, pardon... come un riccio di mare. Non ci fu verso di schiodarmi da quella posizione. Ci provarono in tutti i modi: lattuga, noccioline, carote, carezze e lusinghe. Niente da fare. Sentii lui che diceva: — *Sapeste, quanto ho faticato per stanarlo da sotto una pietra affumicata, su, nel bosco! Ho sudato le sette camicie...*

— *Grugnnn! Grugnnn!* — rintronò nel suo discorso.

Ah, buon per lui che non capivano i miei grugniti, altrimenti... avrebbe fatto una figuraccia esageratissimaaaa! Avrei detto, più o meno, così: "*... E la botta in testa? Chi l'ha incassata? Io, forse? E gli occhiali? A chi sono caduti nella cenere? A me, forse? Fanfarone! Trombettiere! Ciarlatano! Paroliere!*".

No, no, paroliere no, parolaio meglio. No, neanche parolaio. Beh, insomma, le prime tre qualifiche bastano. Lui ora, mentre ticchetta sulla tastiera, se la ride. Avrei voluto sentire cosa mi avrebbe risposto; sarebbe diventato come un pomodoro di prima scelta.

— *Ridi... ridi... ti avrei conciato come una giuggiola settembrina, altroché!* — gli faccio presente.

Non la smette di ridere.

Breve interruzione per risate in corso!

PARDON! Chiedo scusa, ma lui non ha smesso di ridere per cinque minuti filati. Roba da barbagianni del Madagascar!

— *Ti è passata la buriana ridarella?* — mi assicuro.

— *Continua... AH! AH! AH! AH!* — ride, ride.

— *Ti faccio tanto ridere?*

— *Ah! Ah! Ah! Ah!*

No comment!

Finalmente riassume un aspetto serio.

Allora, riprendo... Quando tutti avevano perso la pazienza, decisero di uscire. Obiettivo: cenetta in un localino vicino al mare (io abito a circa venti chilometri dal mare). Appena tutti sloggiarono, anch'io mi mossi e dalla veranda andai sotto l'albero del ciliegio a godermi il fresco della sera estiva. Mi appisolai beatamente sopra una bella foglia di lattuga e ben presto iniziai a sognare. Il sogno fu davvero bello: C'era la quercia gigante, c'erano i sugheri, c'erano i castagni, c'era il ruscello dell'acqua fresca e pulita, c'era la mia mamma, c'era il mio babbo, c'erano i miei fratellini. Evviva! C'era il mio bosco! C'era... C'era... C'era... (adesso lui non ride più, si è fatto molto serio e pensieroso).

Ogni mattina, appena sveglio, mi vengono in testa, tanti "*C'era* " perché ogni notte faccio sempre lo stesso sogno.

Il giardino tremò tutto.

Mi svegliai di colpo in preda al panico. Poi sentii un miagolare sinistro:

un gatto mi apparve a un palmo dal naso con un'espressione piratesca.

— *Ci mancavi solo tu!* — sospirai con un tamburello in mezzo al petto. Poi non vidi più nulla, perché abbassai il musetto fino a toccare la pancia e divenni il porcospino più spinoso della terra. Meno male che Scotennabalene non si accorse dei miei aculei malandati. Sentii altri tre suoi miagolii rabbiosi, poi più niente. Passò tanto tempo. Non percependo alcun pericolo, pensai di tirare fuori il musetto, ma non azzardai una mossa. Scotennabalene mi faceva più paura del pirata Barbanera. Subito dopo sentii strani movimenti: — *Ma cosa fai lì? Non dirmi di avere paura del buio!* — Era Attilio. Mi prese tra le mani ed io tirai fuori il musetto. Mi guardai in giro: Scotennabalene non c'era più. Il tempo era volato: era già mezzanotte.

Grazie al pirata ungulato, Attilio mi portò in casa e mi adagiò sopra un tappetino color di bosco, sistemato in un angolo del salotto. Da quel giorno dormo sempre lì. Nei giorni seguenti limitai le mie uscite in giardino soltanto nelle ore diurne e, in presenza, del mio amico. Motivo? Chiaro: SCOTENNABALENE!

Attilio si fece in quattro, ripetendomi fino alla nausea che le buche nella rete di recinzione del giardino le aveva riparate:

— *Tranquillo Bat, il giardino è a prova di gatto!* — mi sorrise.

— *A prova di pirata, vorrai dire.*

Attilio è una persona sensibile; è un amante della natura come pochi se ne vedono in giro. Il giardino è curato alla pari di un orto botanico. Nell'agosto scorso i pomodori brillavano di un rosso vivo (su alcuni più succosi ci lasciai il marchio dei miei dentini).

Dopo la prima famosa domenica del nostro incontro, il mio amico fu di parola e, l'indomani mattina, mi portò dal veterinario. Appena misi zampa nella sala d'aspetto, diventai un fico d'India, perché vidi di tutto, tranne che porcospini. C'erano tre gatti, (il resto della ciurma di Scotennabalene) due cagnette e un altro cane grande e grosso. Anche la museruola era grande e grossa. Quest'ultimo mi fece una gran paura, perché si avvicinò subito a me, e mi guardò con due occhi sanguinanti di vampiro.

— *Brrr! Brrr! Aiuto! E' tornato Dracula!* — mi scappò.

Attilio fece un sorriso e si accomodò in un angolo ad attendere il nostro turno. Mi teneva ben stretto tra le mani, così un po' mi tranquillizzai e tirai fuori il musetto. Il cane grande e grosso, invece, non si tranquillizzò per niente: immobile mi fissava imperterrito. Il suo padrone era grande e grosso anche lui. C'era una certa somiglianza tra di loro. Sembrava il fratello maggiore di Dracula. Con una mano lo teneva al guinzaglio, con l'altra lo accarezzava sul testone e continuava a ripetere:— *Buono, Jek! Jek... buono.*

Quando diceva buono, io tremavo tutto quanto. Finalmente la porta dello studio medico si aprì e uscì una ragazza. Teneva in braccio un barboncino dal pelo morbido e bianco.

"Un'altra vittima del mago. Oh! Sono tutti ammalati, avranno anche loro qualche zampa bruciacchiata, compreso Dracula" pensai, allentando la tensione nervosa, poiché il succhiasangue era stato

trascinato nello studio dal suo padrone. *"Magari anche a loro sarà scomparso un bosco?"* mi chiesi, squadrandomi la ciurma dei pirati ungulati. Beh! Certo, un bosco in un'isola del Mar delle Antille. Un bosco di palme flessuose di cocco, questo è chiaro! La mamma mi aveva detto che al mondo esistono tanti tipi di boschi, ce ne sono di tutti i tipi e per tutti i gusti, i maghi non hanno che l'imbarazzo della scelta. Jek, alias Dracula, uscì subito, molto probabilmente non era la zampa abbrustolita la causa del suo malanno, chissà, forse il vampiro aveva ecceduto nelle libagioni e, per tal siffatta ghiottoneria, aveva subito l'onta di un salasso dottorale. A quel punto mi rilassai e mostrai il musetto per intero. I compari di Scotennabalene erano adesso due. Non sembravano così ammalati, infatti, il veterinario con essi fece in fretta (i pirati hanno la pelle dura).

Dopo un po' toccò a me. — *Ah, che simpaticone!* — sorrise il medico — *Vediamo un po'!...* — continuò. Osservò attentamente la parte ustionata, mi puntò una luce, intensa come un raggio di sole, in bocca e sugli occhi e, dopo avermi rigirato più di una volta, emise la diagnosi. L'Esculapio proferì: — *Ustione di secondo grado in arto posteriore sinistro, localizzata nel ramo profondo plantare, estesa alle falangi e all'articolazione del calcagno, in soggetto affetto da intossicazione medio grave da ossido di carbonio. Deambulazione scompensata. Si consigliano riposo assoluto per una settimana e antibiotici sia per uso esterno sia per uso interno.*

Della sua diagnosi capii soltanto il riposo assoluto per una settimana. La cura fece subito effetto (quanta fatica per mandare giù quelle per uso interno!), dopo una settimana e qualche altra visita medica, stavo già benone. La zampetta riacquistò la sua naturalezza e il dolore cessò, che sollievo! Non so spiegarmi per quale ragione mi sono ustionato. Attilio, su quest'argomento, fa sempre lo spaventapasseri. Mah! La bruciatura guarì (purtroppo mi è rimasta una cicatrice, le cicatrici non guariscono mai) e potei riprendere a camminare speditamente come quando vivevo nel mio bosco. Dopo la visita al veterinario... Stasera non ho sonno, finalmente! Starei sulla mia poltroncina da scrittore per ore e ore a parlare del mio bosco. Mi sa, però, che fra poco dovremmo smontare baracca. Stavolta è lui ad avere un gran sonno: sbadiglia in continuazione. Peccato! Allora, dopo la visita al veterinario rientrammo a casa e...

Il mago

Querce, querce,

querce, querce, querce, querce, querce...

— *Ma cosa dici Bat?* — mi domanda stralunato lui.

— *La formula segreta per il bosco!* — gli rispondo entusiasta.

— *Non farmi ridere...* — sogghigna lui con una faccia quasi antipatica.

Quando fa quella faccia meglio cambiare registro. Niente formula. Scusatemi tanto per ieri sera ma, come vi ho detto, lui ha avuto un gran colpo di sonno che ha fatto appena in tempo a spegnere il computer. Poi mi ha spedito sul tappetino e mi ha detto: — *Buonanotteee Baaat!* Se n'è andato a letto tentoni, secondo me, dormiva già in piedi. Io non sono riuscito a prendere sonno per un bel pezzo, perché lui russava e russava... così ho cominciato a pensare al mio libro, a ciò che avrei dovuto scrivere oggi. Mi sono cullato in questo grande progetto e ho tentato di capire in che modo il libro mi avrebbe restituito il mio bosco. Non ho trovato una spiegazione valida, mi appariva tutto così confuso.

Mi sono detto: *"Lasciando da parte vacanze e crociere, forse, quando arriveremo alla fine del libro, e non ci saranno più pagine bianche da riempire d'inchiostro, il bosco riapparirà di colpo!"*.

Poi ho pensato: *"Forse sarebbe bene scrivere sei pagine di querce, altre cinque di sughereti e quattro di castagni. Può darsi che sia questa la formula giusta che nemmeno Attilio conosce"*.

La mia formula è fallita in partenza. Da qualche parte ho letto che scrivere un libro è come fare una grande pubblicità in televisione. Così, magari, se qualcuno vedrà il mio bosco scomparso, potrà mettersi in contatto con il sottoscritto. Vi lascio pure l'indirizzo, inviate la corrispondenza a:

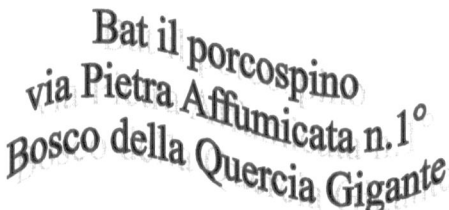

Bat il porcospino
via Pietra Affumicata n.1°
Bosco della Quercia Gigante

Meglio l'indirizzo del bosco che quello di Attilio. Tanto, credo che, appena finito il libro, farò le valigie, e tornerò nel mio paese natio. Non m'importa della cenere, mi abituerò! Attilio mi ha detto che non è esattamente come penso io: — *All'incirca è così, Bat... il libro non basta scriverlo... e dalla corrispondenza non ti devi aspettare più di tanto, eh!*

Che bravo il mio amico! Mi vuole un gran bene; anche se le sue parole, a volte, mi fanno un po' male, capisco che sono sempre dette a fin di bene. Ah, se non avessi incontrato lui! Come avrei fatto a campare?

Mentre pensavo ai tanti ragazzi che potrebbero leggere il mio libro, mi sono ripetuto: " *Chissà, dove sarà finito il mio bosco?*" (La mamma mi aveva sempre detto che quando c'è cenere in giro, è un brutto segno; è la prova più autentica della scomparsa di un bosco).

Riflettendo a fondo sull'argomento mi nascono tanti dubbi, soprattutto due tarli mi rodono il cervello: mi son riempito la testa di pinzillacchere e mi sono illuso sulla storia del libro. Sono soltanto un povero piccolo porcospino, che crede di essere l'unico al mondo ad aver perso un bosco, ecco la verità! Ecco perché dopo due mesi di inutili ricerche e di tante congetture, Attilio continua a ripetermi: — *Ci vuole del tempo per far riapparire un bosco, cosa credi? Guarda che il libro può aiutarti di più dopo, quando il bosco della Quercia Gigante sarà riapparso.*

— *E la vacanza ai Caraibi? E la crociera?* — gli faccio presente.

— *Lascia stare. Quante volte te lo devo dire...* — mi risponde quasi scocciato.

Ieri sera, prima di addormentarmi, mi sono immaginato che tutti gli alberi sarebbero spuntati dalla cenere come funghi e, in un secondo, sarebbero diventati altissimi e verdissimi. Sogni! Sogni! Sogni!

Questa mattina, invece, ci siamo svegliati di buonumore. Abbiamo fatto una colazione superfantastica. Mi sono riempito la pancia di miele d'acacia, uhm, quanto mi piace! Non me lo fa mancare mai, o quasi mai.

Mentre sorseggiava il suo latte macchiato, mi ha detto: — *Sai, Bat, oggi mi sento così bene che starei tutto il giorno incollato al computer.*

Io gli ho risposto: — *Ehi, per chi mi hai preso? Per Dostoevskij, forse! No, no, neanche per sogno! Sì, sì, tutto il giorno... scordatelo pure. Al massimo posso stare qui per un paio d'ore, poi... ciao! Me ne vado in giardino.*

E lui: — *Oh, ma guarda che sei veramente permaloso, eh! In fondo lo faccio per il tuo bene.*

Ed io: — *Scherzavo... brontolone!*

Lui ha sorriso e così io, subito dopo, ho lanciato la mia frecciatina:

— *Però, se il libro avrà successo, sarai tu a diventare famoso, perché nessuno al mondo crederà a un porcospino scrittore.*

Lui ha stretto i denti (quando stringe i denti, è un brutto segno) e arcuato le sopracciglia, poi ha commentato: — *Già, questo è vero, anche se diventare famosi, non vuol dire che dopo vivrò come un pascià. Immagina soltanto gli squilli del telefono che ci saranno in questa casa... e poi gli autografi... ah, addio mia dolce e anonima tranquillità!*

— *E allora, perché dobbiamo scriverlo questo libro?* — ho detto — *Non sarebbe meglio continuare a svolgere le applicazioni tecniche?*

Dopo vi spiego. Anzi, ve lo dico subito. Fin dai primi di settembre, quasi ogni giorno, il mio amico ed io andiamo nel bosco della Quercia Gigante. Che emozione ogni volta che respiro l'aria familiare! Nel suo fuoristrada Attilio tiene sempre una piccozza, un badile e un bel fascio di piantine. Queste ultime sono un omaggio della Guardia Forestale. Quelle dei forestali sono le uniche divise che più mi piacciono di tutto il corpo bellico nazionale. Mi piacciono perché profumano di bosco. Se fossi stato un ragazzo, anziché un porcospino, avrei studiato tanto tantissimo per diventare il comandante dalla divisa verde foglia, così l'avrei voluto vedere il mago...

La mattina presto, appena arriviamo nel bosco, facciamo, anzi fa (io a volte ci rotolo dentro) delle buche nella cenere. In ogni buca ci mette una piantina e la ricopre di terriccio fresco. Mi ha assicurato che questo è l'unico metodo sicuro, oltre naturalmente al libro, per far riapparire il bosco. Non so ancora esattamente come funziona, ma questo poco importa... ci vorrà del tempo però...

— *Bat, Bat, te l'ho già detto... il libro serve per dopo, per salvaguardare il bosco quando, logicamente, sarà riapparso* — mi ha ripetuto lui, inzuppando un biscotto nel latte macchiato di caffè.

— *Insomma, senti Attilio, è proprio necessario scriverlo questo libro? Rispondi sì o no!* — ho strillato a musetto duro.

Lui ha roteato gli occhi, ha stretto i denti e poi ha sbuffato: — *Bat, ci sono delle cose che, anche se non sono necessarie, abbiamo il dovere di compierle. Tutto dipende dalla nostra coscienza... perciò ti rispondo sì.*

Io sono diventato noioso:— *Ma non sarebbe meglio acchiappare il mago... è lui che ha combinato il guaio e, solo lui, se veramente è un mago, potrà rimettere le cose a posto.*

— *Il mago... il mago... il mago... smettila Bat con questo mago. Stai diventando grandetto ormai, dovresti capirla una buona volta. I maghi non c'entrano!* — mi ha fissato con uno sguardo eloquente e mi è parso anche un po' arrabbiato.

Io ci sono rimasto male e mi sono sentito mancare. Sembrava che il mio sogno fosse definitivamente svanito nel nulla e ho pensato tanto ai miei genitori e ai miei fratellini. Poi ho chinato il musetto e non ho detto parola.

Lui, a quel punto, credo che si sia molto commosso: — *Scusami Bat, non volevo dire questo!* — ha sussurrato. Mi ha scodellato sotto il musetto, il miele d'acacia e ha continuato: — *Bat, vedrai che tutto tornerà come prima. Dai, ora mangia!*

Mi sono sentito risollevato ed è tornato tra di noi il buonumore. Ci siamo sistemati davanti al computer e abbiamo iniziato a scrivere l'articolo giornalistico. Io, per la verità, sono stato tutto il tempo a leccarmi il musetto. Più volte lui mi ha ripetuto: — *Golosone!*

Il titolo dell'articolo è questo:

La scomparsa del bosco della Quercia Gigante.

Devo dire che quest'articolo non mi piace per niente. Ci sono delle parole incomprensibili per me, come, ad esempio, piromani e vandali.

Appena finito l'articolo, gli ho chiesto: — *Scusa Attilio, ma cosa vuol dire piromani?*

Lui ha roteato gli occhi: — *E' una parola che pressappoco vuol dire maghi sputafuoco!*

— *E vandali?*

— *Diciamo... un altro tipo di maghi sputafuoco!*

— *E' stato un mago sputafuoco del primo tipo o del secondo a far sparire il mio bosco?*

— *Questo ha poca importanza.*

— *Ciò che importa è che hanno fatto sparire il mio bosco! Vero?*

— *Già, purtroppo non si rendono conto di quel che fanno.*

— *Un mago-vandalo può essere anche un mago-piromane?* — gli ho domandato.

— *No, non è necessario.*

— *E' un mago-piromane invece, può essere anche un mago-vandalo?* — ho insistito.

— *Qui cambiano i fattori ma non il risultato.*

— *Spiegami Attilio, in che modo un mago-piromane fa scomparire un bosco?* — gli ho domandato, mosso da grande curiosità.

— *Ah, questo, per un mago sputafuoco del genere, è una sciocchezza...*

Si è alzato, è andato in cucina ed è tornato con un pacchetto di cerini.

— *Vedi... innanzitutto il mago-piromane porta sempre con sé i fiammiferi, dopodiché ne accende uno e lo piazza nel mezzo del cespuglio più giallognolo e rinsecchito che ci sia. Guarda caso, questo tipo di cespuglio si trova vicinissimo al bosco da far sparire. I cespugli di siffatta specie abbondano soprattutto in estate, infatti, questa è la stagione preferita dallo sputafuoco. Così, mentre un filo di fumo scompiglia il cielo sereno, egli, con sorriso beffardo, esulta: "Fuoco. Fiamme. Fuoco". Questa è la sua formula magica. Solitamente, quando compie questa magia, diventa invisibile, o meglio, non lo vede mai nessuno.*

— *E il secondo tipo di mago è più cattivo del primo?* — gli ho chiesto ancora.

— *No, no, Bat. Diciamo, per non farla lunga, che sono alla pari.*

— *Fa la stessa magia?*

— *No, è un po' diversa, ma il risultato, purtroppo, è lo stesso* — mi ha risposto, ciondolando la testa.

— *Il bosco scompare!* — ho esclamato a malincuore.

— *Eh... sì. I maghi sono maghi.*

— *E l'ultimo tipo di mago, quale metodo utilizza? Spiegami bene!*

— *Solitamente questo è il mago più distratto che ci sia.*

— *Più distratto di te?*

— *Non sono mica un mago io... inoltre, neanche fumo...* — mi ha intonato con le mani a mo' di megafono davanti alla bocca.

— *Non capisco.*

— *Vedi, Bat... questo mago ha sempre la sigaretta accesa tra le labbra e la testa fra le nuvole. Allora, succede che, mentre guida la sua bella automobile su di una strada vicina a un bosco, sente improvvisamente la punta della lingua diventare calda caldissima. Si accorge, così, che la sigaretta sta per finire, allora apre il finestrino e la butta fuori. Neanche a farlo apposta il mozzicone acceso cade nel mezzo del cespuglio giallognolo... essendo egli un mago! E così il gioco è fatto: il bosco scompare!* — mi ha risposto, scuotendo la testa.

— *Giuggiole! E qual é la sua formula magica?*

— *Oh, ce ne sono un bel po'. Per prima cosa, comunque, si accende un'altra sigaretta, poiché i boschi da far scomparire sono tanti, poi solitamente ripete:" Quante cose da fare! Quante cose da fare! Quante cose da fare!".*

— *Sono cattivissimi questi maghi... ah, se fossi un toro... ah, se fossi un uccellino... ah, se fossi il comandante delle guardie forestali... ah, se fossi Pier Del Mancio...*

— *Pier Del Mancio! Chi è?* — mi ha domandato.

— *Oh, beh... un bandito, anzi un eroe, anche se per tutti era solo un bandito.*

— *Sono curioso di sapere, dai, Bat, parlami di lui!* — mi ha supplicato.

— *No, adesso no!* — ho ribattuto perentorio.

— *Perché?*

— *Meglio dopo* — ho troncato.

— *Allora Bat, lascia da parte Pier Del Mancio, il comandante dei forestali e quant'altro e accontentati di essere un porcospino* — mi ha risposto sbuffando.

— *Dai, dai, lasciamo da parte i maghi e andiamo avanti con il nostro libro. Allora, dove eravamo rimasti? Ah già, dopo la visita dal veterinario rientrammo a casa...*

Dopo la visita al veterinario mi sentii rasserenato. Il Ferragosto lo trascorsi tranquillamente a zonzo nel giardino, sforacchiando ogni tanto i pomodori che toccavano terra. Lui, per il quattordici e il quindici di agosto, infatti, mi lasciò da solo perché se n'era andato al mare con la sua compagnia. Per la verità, voleva portare anche me, ma per paura che restassi per due giorni una pallina spinosa, (ero tantissimo diffidente) mi disse: — *Non ti offendere, Bat, forse è meglio che tu rimanga qui in giardino. Sta tranquillo, non verrà nessun gatto!*

Non mi annoiai per niente. Le ore più calde le trascorsi a dormire sotto l'albero del ciliegio. Nel tardo pomeriggio andai a caccia di insetti e di vermi mangiaterra. Scotennabalene sicuramente era uscito per mare con la sua ciurma, con il suo galeone e con la sua bandiera nera. Non l'ho più rivisto, deve essere rimasto in qualche bella isola dorata a godersi il suo tesoro.

Senza il gattone piratesco tra le zampe, feci tutti i miei comodi in santa pace, tuttavia non fu un bel Ferragosto, motivo: assenza del mio habitat naturale, definito BOSCO. I giorni seguenti volarono. Ci fu un'altra visita dal veterinario, ci furono altre pomate, ci furono altri controlli medici e, dopo qualche altro giorno di convalescenza, Attilio decretò che era giunta l'ora di fare sul serio.

In sostanza, bisognava, al più presto, cominciare le lezioni per comunicare perfettamente con lui (in realtà ho imparato a grugnire in modo ritmico e modulato). Il corso linguistico cominciò il ventisei agosto.

I primi giorni erano duri per lui: — *Sei tosto di comprendonio* — mi ripeteva a lunghe sbuffate.

Dapprima mi mostrò una ghianda di quercia e mi domandò: — *Che cos'è questa?*

Io risposi: — *Gruggnn!*

Subito dopo mi fece vedere due ghiande e mi chiese: — *Quante ghiande sono?*

Io risposi: — *Gruggnn! Gruggnn!*

Lui esultò: — *Bravo!*

Da quel momento in poi è stato un crescendo di successi. Dalle ghiande passammo in rassegna le giuggiole e tutta una marea di oggetti e via via finimmo con un tabellone, dove c'erano tutte le lettere dell'alfabeto, ed io imparavo... imparavo... imparavo tanto. Ogni volta che mi diceva bravo, mi avvicinava al musetto un bastoncino unto di miele d'acacia, ed io leccavo... leccavo... leccavo tanto. Così ho imparato a parlare (ancora non ci credete, eh!).

Dopo una settimana ero già pronto per scrivere il libro sul mio caro bosco scomparso. Per vari problemi, abbiamo iniziato la stesura il nove ottobre, infatti, è stato due giorni fa che abbiamo cominciato a fare sul serio. Il lavoro vero e proprio è stato intrapreso (quel giorno, Attilio ha fatto dei salti di gioia che non vi dico) un mese fa: ore e ore a torturare il computer facendo prove e riprove letterarie. Chissà se davvero riusciremo a scriverlo questo libro? Mah, ho dei forti dubbi. Dubbi giustificati, intendiamoci. Infatti, da una settimana hanno riaperto le scuole e Attilio, la sera, è più stanco. Ha sempre qualche compito da

correggere, poi sapete no, deve cucinare, lavare i piatti, curare il giardino, povero maestro! Ci sono ancora, mille altre faccende domestiche compreso anche il mio soggiorno, naturalmente. Il mese scorso, durante le vacanze scolastiche, c'era meno stress, escluse le lezioni per insegnarmi a parlare, ma queste le consideravo alla pari di un semplice gioco. Le lezioni si tenevano la sera, quando si rientrava da fare la spesa oppure dalla biblioteca e più di una volta dal meccanico (il fuoristrada è vecchiotto).

Ecco, voglio raccontarvi giusto giusto, ciò che era accaduto un pomeriggio in officina. Io non avevo mai visto prima d'allora un'officina, ne avevo sentito parlare e basta. C'erano tanti attrezzi:

chiavi inglesi, chiavi americane, chiavi tedesche, chiavi giapponesi, insomma si poteva smontare tutto il mondo; ancora viti e contro viti, dadi e bulloni, carburatori, ammortizzatori, pistoni, fasce e candele. Oh, basta, mi è venuto il mal di testa!

Attilio aveva portato in officina il fuoristrada, perché faceva un rumore simile a un Boeing in fase di rullaggio. Il meccanico, dopo aver messo la macchina sopra il carroponte e averla sollevata in alto e battuto tre colpetti di martello sulla marmitta, tornò da Attilio: — *Qui, ci vuole una marmitta nuova di fabbrica* — gli disse.

Attilio fece una smorfia e strinse pure i denti. Sul volto del meccanico apparve un punto interrogativo ultragigantesco.

Attilio, dopo un attimo di smarrimento, gli rispose: — *Non posso stare mica senza il mio fuoristrada!*

L'uomo con la tuta blu sorrise.

Il mio amico: — *E... a quanto ammonta l'importo complessivo per il suo intervento?*

Gli occhi del meccanico iniziarono a brillare come due lanterne:

— *Quattrocentomila lire costa la marmitta nuova e un altro centone ci vuole di manodopera. Totale: cinquecentomila lire.*

Attilio roteò gli occhi e strinse ancora i denti: — *Quasi metà stipendio di un insegnante elementare!* — borbottò.

Il meccanico annuì, ma sicuramente non aveva capito appieno il senso della risposta, perché Attilio aveva borbottato a denti stretti. Subito dopo, l'uomo con la tuta blu afferrò una chiave anglo-americana e si lanciò come una furia sopra un grosso bullone del fuoristrada e, in meno che non si dica, la marmitta era giù, stesa a terra come lo scheletro di un albero bruciacchiato. Aveva un sacco di buchi, provai a contarli: impresa impossibile. A colpo d'occhio, diciamo... beh, tanti, quanti ne ha lo scolapasta che Attilio usa per gli spaghetti. Il paragone più calzante, tuttavia, resta l'albero bruciacchiato. Per tal somiglianza iniziai a pensare profondamente al mio bosco, e mi sentii come scivolare in un vuoto vertiginoso. Spaventato da morire, senza rendermi conto di ciò che stavo facendo, mi allontanai silenziosamente e mi infilai in un tubo, ne uscii dall'altra parte e mi ritrovai in mezzo a un groviglio di fili colorati. Mi feci lungo e stretto e scivolai come un'anguilla in mezzo a quel cespuglio artificiale. Mi ritrovai dentro una bacinella piatta unta d'olio nero.

Quanta fatica feci per uscirne! Appena fuori da quella trappola maleodorante, raggiunsi un angolino e mi accovacciai dietro due batterie al piombo. Rimasi là in silenzio. Pensavo soltanto al mio bosco e nient'altro.

Passò molto tempo, credo.

Attilio si fece avanti: — *Bat! Bat! Dove ti sei cacciato?*

Io stavo zitto, perché la marmitta mi aveva messo addosso, tanta di quella paura da farmi spuntare gli aculei sulla lingua. Aveva impiegato un bel po' di tempo per scovarmi, anche il meccanico aveva partecipato alle ricerche. Quando riuscirono a tirarmi fuori, per Attilio cominciò un'altra fatica di Ercole: togliermi di dosso l'oleoso strato nerastro. Il meccanico levò uno sbuffo compassionevole, anche se lanciava delle occhiate e scuoteva il capo. Forse era la prima volta che aveva sentito chiamare per nome un porcospino!

Nel rientrare a casa, Attilio mi spiegò che lo shock per la scomparsa del bosco per me era stato troppo forte. Mi spiegò pure che dentro la testolina di un porcospino possono accadere delle cose strane che si definiscono traumi. Una vecchia marmitta d'auto può far rivivere come fossero reali le esperienze dolorose di un porcospino. Per la verità di quelle sue spiegazioni non ci capii granché. Scusate un attimo, Attilio si è alzato dallo scrittoio...

Si è rimesso a scrivere. Era andato in bagno per fare pipì. Lui nega. E' tornato con i capelli inzuppati di gel: — *Ecco, questo è il vero motivo, il gel!* — sorride.

— *Sì, il gel! Cosa ti costa dire che sei andato in bagno e hai fatto una pipì di cinque minuti.*

— *E va be', ho fatto anche la pipì.*

— *Ooooh!!! Ecco, hai visto quanto ci vuole!*

— *Però, ho messo pure il gel, come puoi ben vedere. I capelli iniziano a darmi fastidio, sono già lunghi per i miei gusti* — sbuffa.

— *Taglia! Taglia!* — gli ripeto.

— *Questo pomeriggio si va dal parrucchiere!*

— *Vuoi che venga anch'io, Attilio?* — gli domando.

— *Beh, mi farebbe piacere. Siamo o non siamo amici?*

— *Ci scommetto che stasera devi uscire con Carla.*

— *Ti sei sbagliato Bat. Con Carla devo uscire domani sera che è sabato.*

— *Mi raccomando Attilio, domani non esagerare col profumo. Lo sai no, mi fa starnutire come uno stambecco raffreddato.*

— *Va bene, Bat...*

— *A proposito, Attilio, dille a Carla una cosa: aspetto ancora le noccioline che mi ha promesso la settimana scorsa.*

— *Sarà detto, Bat. Comunque, anche tu, cerca di essere un po' comprensivo, lo sai bene che lei è molto impegnata con la scuola.*

— *Sì, va be', però...*

Dopo la visita al meccanico e quando ormai la mia zampetta era guarita completamente, iniziammo ad andare nel mio povero bosco di cenere e carbone (glielo avevo ripetuto fino alla nausea). Fin dal primo momento, e fu ai primi di settembre, che cominciammo a scavare buche nella cenere e metterci dentro le piantine. Da allora, vivo nell'attesa che si compia il miracolo. Il bosco potrebbe riapparire prima del previsto. Adesso che sono iniziate le scuole, al bosco si va soltanto la domenica perché Attilio è sempre impegnato. Sulla scrivania si accumulano tanti di quei compiti che gli fanno venire il prurito in testa (quando corregge i compiti ha sempre le dita tra i capelli).

A metà settembre qualcosa nel mio bosco riapparve. Alcuni ciuffetti d'erba erano spuntati qua e là tra la cenere e qualche fogliolina solitaria era cresciuta timidamente sul rametto di una piantina. Lanciai un urlo di gioia, Attilio, invece, non disse niente. — *Evviva!* — continuai

— *Fra poco riapparirà il mio bosco!*

— *Bat, cosa vuoi che siano due fili d'erba e tre foglioline...* — ripeté lui.

Mi augurai tanto che si sbagliasse.

Purtroppo aveva ragione: erano ben poca cosa per un porcospino abituato all'ombra delle querce, dei sugheri e dei castagni.

Il primo giorno, invece, del mio ritorno nel bosco m'illusi che sarebbe bastato un niente per farlo riapparire. Pensai che si fosse nascosto lì, nei paraggi.

Quel giorno Attilio fece una buca profonda. Sotto la cenere, per fortuna, c'era il terriccio fresco, buono per le piantine. Nella buca vi pose una piantina dal gambo sottile e dai rametti contorti: — *Questa diventerà una quercia. La quercia più grande del bosco!* — esclamò.

Lanciai un pensiero a quella che fu la quercia gigante e pregai in silenzio, affinché si sbrigasse a riapparire.

Attilio, subito dopo, ricoprì la radice di terriccio fresco (lo aiutai anch'io, facendo del mio meglio), rimasi per un istante a fissare quella piantina esile e indifesa. A lei affidavo tutte le mie speranze, in lei riponevo tutti i miei sogni svaniti in un pomeriggio caldo di luglio, per volere di un mago sputafuoco senza scrupoli.

— *Coraggio, Bat!* — mi rincuorò Attilio, facendomi capire che bisognava affrettarsi, poiché le buche da fare erano tante.

Continuammo nel nostro lavoro e piantammo altre due querce più due castagni e un sughero.

— *Vedrai Bat. Il bosco della Quercia Gigante tornerà più bello di prima* — continuò, togliendosi con il fazzoletto un sacco di sudore che gli scendeva dalla fronte — *Sai Bat, non è poi così semplice far riapparire un bosco...*

— *Giuggiole! Ci vorranno tanti sacchi di sudore! Il mago, invece, quando l'ha fatto sparire, avrà sudato così tanto anche lui?* — gli domandai.

Attilio fece una smorfia dubbiosa: — *I maghi, Bat, non sudano mai... neanche quando fanno sparire un bosco.*

— *Non si può fare proprio niente contro questi maghi?*

Lui si tolse un altro sacco di sudore: — *Poca cosa, Bat, almeno per il momento... possiamo fare tanto per il futuro. Anzi, puoi fare tantissimo... io ti aiuterò soltanto.*

— *Dimmi, dimmi Attilio, sono tutt'orecchi!* — lo implorai.

— *Beh, ecco... puoi scrivere un libro* — mi consigliò.

— *Un libro!!!* — esclamai — *Oddio, che impresa difficile! Preferirei scavare buche nella cenere per tutta la vita.*

Lui corrugò la fronte: — *Sai Bat, anch'io lo farei volentieri per tutta la vita, se ciò bastasse... il guaio è che se un brutto giorno arrivasse un altro mago... vaaam! Tutto in fuu... tutto scompare Bat!*

— *Già... tutto scompare!* — ripetei sconsolato.

— *Però, se tu scrivessi il libro...* — riprese lui – *credo, che un giorno non ci sarebbero più maghi con il desiderio di far scomparire un bosco, o almeno ce ne saranno pochi pochini... al limite faranno sparire le erbacce del mio giardino* — mi rispose.

Da un buon quarto d'ora lancia occhiate all'orologio.

— *Cosa c'è, Attilio?* — gli domando.

— *Niente, niente Bat... tuttavia, oltre che scrivere, qui bisogna muoversi, perché c'è da preparare il pranzo* — mi risponde.

— *Che ore sono?*

— *Il tempo è volato, Bat. Sono già le undici.*

— *Giuggiole! Non avrei mai creduto che per scrivere un libro ci volesse tanto tempo... per me sarebbe stato meglio andare in giro per il mio bel bosco a raccapezzare ghiande, bacche, serpi, millepiedi e foglie secche!*

— *Cosa dovrei dire io Bat, che devo preparare anche il pranzo, andare a scuola, lavorare per il giornale e scrivere un libro insieme al porcospino più chiacchier... cioè simpaticone del mondo.*

— *Non credi che sia meglio per te uscire più spesso con Carla, eh?* Lui, mentre scrive, scuote la testa e sorride: — *Ma cosa dici, Bat... queste sono mie faccende private, e poi con Carla c'è solo amicizia.*

— *Sì, sì, amicizia, eh? Non fare il furbo Attilio, tanto non mi freghi. Tu sei stracotto...*

— *Che cosa intendi Bat?*

— *Mi hai capito bene, non fare il finto tonto!*

— *Non farmi ridere, dai!*

— *Invece sì, è vero! E' tutto come dico io!*

— *E va bene, ammettiamo che sia così, cosa dovrei fare allora?*

— *Devi telefonarle più spesso, tira fuori qualche scusa; poi non startene sempre con me, appiccicato al computer e ai tuoi libri. Devo proprio dirtelo io, Attilio, insomma...*

— *Sì, va bene, d'accordo Bat, ma il nostro libro? E il bosco?*

Sto per arrabbiarmi tantissimooooooooooo. Meglio restare calmi, la calma è dei forti:

— *Non tirare fuori scuse!* — lo ammonisco.

— *Scuse!!!*

— *Già, proprio scuse. Lo sai meglio di me che puoi trovare il tempo per fare tutto quanto.*

— *Sì, tutto quanto... per chi mi ha preso? Per Superman, forse!*

— *Non fare l'esagerato! In ogni modo, Attilio, se vuoi sapere la mia opinione, ti dico che quella è la ragazza giusta giusta per te. Immagina avere una mogliettina come Carla...*

— *Sentiamo pure, Bat.*

— *Beh, questa casa diventerà più bella e luminosa, ci sarà più vita insomma. Avrai più tempo per fare le tue cose, la sera resterai più tranquillo e soprattutto mangerai meno scatolette...*

— *Tutto qui?*

— *Ti pare poco per un merlo solitario come te!*

— *No, dai Bat... questo è troppo!*

— *E' troppo poco. Te lo ripeto, tu con Carla devi insistere... insistere... insistere... capito?*

— *Uffaaa! Sei pesante, eh?*

— *Perché? Tu sei leggero? Inoltre, ti dico che domenica scorsa non mi sei piaciuto per niente su, al bosco. Scusa, eh, era la prima volta che insieme con noi veniva Carla e tu, invece di rimanere te stesso, al naturale, ti sei imbambolato come uno spaventapasseri. Noo, non ti piace spaventapasseri? Vuoi che ti dica come un allocco dello Zanzibar? Tanto è uguale, scusa se te lo dico così bruscamente... lo faccio per il tuo bene.*

— *Ci voleva pure questa, ora! Che cosa avrei dovuto fare, se non piantare gli alberelli...*

— *Se vuoi sentire la mia opinione, te la dico subito subito; sembrava che di lei non te ne importasse un bel niente, e per tal motivo in settimana non si è fatta sentire. Sarà senz'altro offesa.*

— *Bat, smettiamola! D'accordo, hai ragione tu, mi arrendo, ma ricordati che domani dovrò uscire con lei.*

— *Sì, domani... ah, ah, con tutta la compagnia, dirai... dovete mangiare la pizza. Vero?*

— *Oh, Bat! Sei uno squinzillachero!*

— *Squinzichè? Non dire astruserie! Piuttosto, ricordati di chiederle scusa per domenica scorsa e dille che aspetto ancora le noccioline americane, altrimenti mi arrabbio per davvero. Anzi, a questo punto, pretendo che sia lei a portarmele qui.*

— *Senti Bat, perché non vieni anche tu in pizzeria, così glielo dici di persona.*

— *Io in pizzeria! Meglio di no, no, altrimenti ti combino un groviglio* di rovi.

— *Che groviglio di rovi devi combinare? Ti siedi vicino a me e fai il bravo. Vedrai che tutto filerà liscio. Allora, accetti?*

— *Aiuto! Non so cosa fare. Non mi piace tanto andare in un posto dove c'è tanta gente. Tutti si avvicinano e fanno: " Un porcospino! Che carino! Che bellino! Che simpatico!". Qualcun altro dirà: "Buono, arrosto!". Poi ci sarà sempre il tipo che mi scambierà per un porcospino finto, ma io non sono mica un giocattolo. E alla fine, non potendo fare i miei comodi, divento nervosetto e combino un groviglio di rovi.*

— *No, dai Bat! Andremo in un posto tranquillo. Dai! Accetta l'invito!*

Tentenno ancora un poco, poi mi decido: — *E va bene, Attilio, ma ricordati che lo faccio per il tuo bene, e va be'... anche per le noccioline americane.*

— *Che cosa intendi per "il mio bene", Bat!*

— *Domani lo vedrai.*

— *D'accordo, l'importante che non mi combini un groviglio di rovi.*

Annuisco.

— *Promesso Bat?*

— *Promesso! Così assaggio anch'io questa pizza.*

Continua a guardare l'orologio.

— *Devi avere molto appetito oggi, eh Attilio?* — gli domando.

— *Un po'...*

— *Che hai intenzione di fare a pranzo?*

— *Vediamo se indovini Bat?*

— *Non ne ho idea Attilio.*

— *Dai su, buttati!*

— *Vediamo... vediamo... spaghetti alle vongole!*

Lui scuote la testa per dirmi di no.

— *In salsa piccante?*

— *No.*

— *Al tonno con cipolline tritate!*

— *Niente spaghetti, Bat.*

— *Boh, vai a capire cos'hai in testa...*

— *Minestrone, Bat.*

— *Ci metti pure le carote?*

— *Indovinato! Tagliate a strisce.*

— *Uhm, buone! Senti, Attilio, ma non ti stanchi mai di scrivere?*

Lui ride: — *No, no, no. Dimmi la verità; ti è venuta l'acquolina in bocca!*

— *Forse è meglio spegnere il computer e mettersi a fare il pranzo, eh, che ne dici, Attilio?*

— *Vediamo un poco... undici e trentanove! Aspetta, aspetta altri cinque minuti. Raccontami quella storia del bandito!*

— *Quella è lunga, Attilio. Ci vorrà del tempo... così, ti saluto minestrone. Dai, dai, spegni! Te la racconterò stasera, così potremo mettere pure quella sul nostro libro.*

— *E dai Bat... in fondo possiamo pranzare anche alle due.*

— *Tu devi essere impazzito, Attilio. Con le ghiandole salivari strizzate come un limone sulla grigliata di pesce, secondo te, dovrei aspettare fino alle due? Neanche per sogno. Su, spegni tutto!*

— *E va bene, Bat.*

La storia del bandito

Sono le otto di sera. Siamo di nuovo qui. Lui è piegato sulla tastiera del computer ed io accovacciato sulla solita poltroncina (è comodissima, eh!) di fianco alla sua sedia.

— *Allora... raccontami la storia del bandito!* — m'invita lui.

— *Abbi pazienza, Attilio... andiamo poco alla volta. Prima devo dirti che la cena non è stata abbondante e ho ancora fame.*

— *Come? Ti sei pappato quattro noccioline, un cucchiaino di miele* d'acacia e scolato mezzo bicchiere di latte zuccherato, e tu mi vieni a dire che hai ancora fame! Andiamo, Bat!

— *Sei un bel tipo tu! Ma guarda... lasciarmi con lo stomaco che fa gruup... gruup...*

— *Cosa vuol dire ora questo gruup?*

— *Vuol dire, Attilio, che dentro il mio stomaco c'è un orso affamato, hai capito? Poi pretendi che stia qui, davanti al computer a fare le belle statuine. No, no, cambia musica!*

Lui si aggiusta gli occhiali:

— *Sentiamo cosa vuoi, dai!*

— *Quando fai così, mi piaci, Attilio.*

— *Uhm, allora fai la proposta!*

— *Dovresti portarmi qui un piattino di miele d'acacia, quattro noccioline e un dattero.*

— *No, dai Bat... anche il dattero, ora. Così, dopo ti viene sonno e il libro non va avanti.*

— *Ieri sera è venuto a te il sonno, però...*

— *Colpa della digestione e della stanchezza dovuta agli impegni di lavoro, alle faccende domestiche e al libro! Se per una volta cado come una pera cotta, non credi che sia più che giustificato?*

— *Carla... Carla... Carla... devi insistere!*

— *Ancora?*

— *D'accordo Attilio, portami almeno il piattino di miele d'acacia e per stasera non se ne parla.*

— *Va bene...* — sbuffa fortissimamente.

— *Gnam! Gnam! Gnam! Buono... uhm, buono!*

— *Goloso! Goloso! Goloso!*

— *Gnam! Gnam! Gnam!*

— *Allora, Bat, ti vuoi decidere?*

— *Gnam... decidere a cosa? Gnam...*

— *Insomma, stamani mi hai promesso di raccontarmi la storia del bandito!* — mi guarda con un'espressione poco benevola.

— *Ah, già... gnam... gnam... dopo... dopo...*

— *Come, dopo... qui, mi sa che stasera non si combina nulla, Bat.*

— *Aspetta! Aspetta! Gnam... gnam... gnam! Uhm, buono...*

— *E dai Bat, non fare così!*

— *Un attimo, Attilio... gnam... gnam... ecco ho finito... gnam gnam... Ah, squisito, veramente buono! Allora, dicevi?*

— *La storia del bandito, Bat...*

— *Ah, già, il bandito. Il famoso Pier Del Mancio.*

— *Dai, dai, racconta Bat!* — m'incalza.

— *Calma, calma, tempo al tempo.*

Quando si mette un'idea in testa, non lo smuove più nessuno, gliel'ho detto più di una volta che nella vita ci vuole pazienza (Io col mio bosco ne ho tanta). Stamani, ad esempio, si è puntato sulla storia del bandito che ho rischiato di saltare il pranzo. Pretendeva che gliela raccontassi così... in cinque minuti, nemmeno fossi un leprotto con la volpe alle calcagna! Per fortuna che sono riuscito a convincerlo e si è messo a preparare il minestrone. A proposito, mi è piaciuto tantissimo, a onor del vero mi ha gonfiato un po' la pancia, però ne è valsa la pena. Otre al minestrone, a pranzo, abbiamo mangiato il formaggio dolce e lui la solita mela ed io la solita buccia. Dopo si è preparato un caffè, (il caffè mi fa venire il nervoso. L'ho assaggiato una volta e basta. Mamma mia! Mi spuntavano gli aculei sulla lingua… dal giorno mai più caffè!) ha lavato i piatti e ha messo un po' d'ordine. Poi mi ha detto: — *Io mi distendo sul letto per una decina di minuti.*

— *D'accordo capo!* — gli ho risposto facendo un saluto militaresco. Altro che dieci minuti! Ha dormito per un'ora filata, anch'io però, non ho scherzato. Un secondo più tardi si è messo sotto la doccia.

Durata: TRENTA MINUTI.

E' uscito dal bagno, con l'accappatoio celeste mare e un profumo intenso di bagnoschiuma odor di bosco. Per vestirsi ha fatto in fretta: jeans, maglietta bianca, camicia quadrettata, maglione dolce vita, giubbotto in filo di Scozia e scarpe ben lustrate. Ecco fatto! (Io, invece, indosso il mio solito vestito bruciacchiato). Subito dopo, ha preso la sua cartella fra le mani e ha iniziato a correggere problemi. Tutta roba arretrata, credo. Il libro sul bosco gli sta portando via un sacco di tempo.

Finalmente siamo usciti con il fuoristrada e siamo andati al parrucchiere.

C'era tanta gente: quattro clienti che leggevano riviste dell'anno scorso e ogni tanto sbuffavano, lanciando occhiate al parrucchiere. Dapprima, appena entrati, tutti, come il solito, mi hanno puntato gli occhi addosso. Ho letto nei loro pensieri: *"Un porcospino!"*.

Dopo si sono abituati ed hanno ripreso a sfogliare le riviste sgualcite. Sono rimasto per un quarto d'ora tale e quale a una pallina spinosa dalla quale spuntavano soltanto gli occhietti. Pian pianino ho iniziato a muovermi, mentre Attilio se ne stava imbambolato con la sua rivista in mano ad attendere il suo turno. Ne ho approfittato e mi sono fatto un giretto intorno. Più di una volta Attilio si è dovuto alzare per riportarmi sulla poltrona accanto alla sua. Il parrucchiere era un signore distinto che andava sui sessant'anni ed era uno che mi guardava di sbieco, mentre con forbici e pettine sminuzzava basette e frantumava ciuffi di peli solitari. Col cliente, che gli stava sotto taglio, parlavano senza sosta di un sacco pienissimo di storielle.

Il cliente di frequente diceva: — *Oggi la vita è completamente diversa. Un tempo sì, che era bella, quando avevo vent'anni.*

— *E' la sacrosanta verità... oggi si passa più tempo dal commercialista che altro. Tre milioni e mezzo d'imposta iva, ha pagato il sottoscritto la settimana scorsa* — gli ha risposto il parrucchiere dopo tre vent'anni.

E il cliente lasciando da parte gli anni ruggenti: — *Ce ne vogliono di tagli...*

Alla fine il parrucchiere gli ha spruzzato un po' di borotalco tra capo e collo, un po' di lacca sui capelli e gli ha detto: — *Ecco fatto!*

Il cliente si è alzato, si è guardato bene davanti allo specchio e poi si è accomodato col portafoglio in mano alla cassa.

— *A chi tocca?* — ha domandato dopo il parrucchiere.

Una signora ha posato la sua rivista sul tavolino del salottino d'attesa, dove tutti stavamo appollaiati e ha tuonato: — *A me!*

Tutti a seguirla con lo sguardo mentre raggiungeva la poltrona per il lavaggio dei capelli.

Mamma mia, quante riviste ha dovuto sfogliare Attilio affinché il parrucchiere dicesse nuovamente: — *Ecco fatto!*

La signora si è guardata allo specchio senza sorridere più di tanto, faceva solo delle smorfie a se stessa. Soldi nella cassa del parrucchiere, ne ha lasciati tanti, altrimenti l'imposta... Subito dopo è arrivato il solito *"A chi tocca?"*.

Si è alzato dalla poltrona un uomo un po' anziano con la testa che sembrava il mio bosco incenerito. Aveva ciuffi di capelli sopra le orecchie e sulla nuca, e nient'altro. Con questo signore il parrucchiere si è messo a parlare di pesci e di mare, (sul mio bosco neanche parola) di canne e di esche.

Nella mia testolina hanno iniziato a nuotare saraghi, orate e spigole giganti, pescecani, pesci martello e pesci palla. E poi tanti altri ancora, chi più ne ha più ne metta! Alla fine, quando il parrucchiere ha detto:

"Ecco fatto!", io avrei potuto ottenere la licenza commerciale da pescivendolo. Il cliente successivo, invece, appena seduto davanti allo specchio per il taglio, ha cominciato: — *Allora Mario, domenica scorsa le avete buscate, eh!*

Il parrucchiere ha sollevato le sopracciglia, ha serrato le labbra e ha sghignazzato: — *Colpa dell'arbitro, c'erano due rigori per noi.*

— *Eh, sì, colpa dell'arbitro! Troppo facile dire così quando si perde* — ha replicato con tratto sanguigno il cliente (sembrava uno sberleffo). Il parrucchiere si è fatto serio e gli è scappato pure un colpo di forbice a vuoto (è andata bene, l'orecchio è stato solo sfiorato) e ha ribattuto:

— *Scusa Giorgio, se in aria di rigore si sgambetta così... (qui ha sollevato una gamba) che cos'è se non rigore netto!*

— *Spesso non è così facile stabilirlo. Ci sono anche gli attaccanti cascatori. Sono furbi quelli...*

— *Comunque, Giorgio, non abbiamo meritato di perdere.*

— *Questo è un altro discorso, ma si sa, il calcio è fatto così... a volte attacchi e attacchi per ottantanove minuti, colpendo pali e traverse, e all'ultimo minuto subisci il gol in contropiede e perdi per uno a zero.*

— *Ecco, giusto com'è successo alla mia squadra del cuore. Che sfortuna!* — ha detto il parrucchiere — *Vedrai... domenica prossima giochiamo in casa; vedrai che partita! E che gol!*
Per venti minuti buoni hanno continuato così, fino al *"a chi tocca?"* e anche oltre.

Attilio si era alzato e, mentre il parrucchiere stava ancora alla cassa ad accusare l'arbitro, si è seduto sulla sedia dello sciampo. Una ragazza (la figlia del parrucchiere) gli ha lavato i capelli. Dopodiché, il mio amico è passato davanti allo specchio per il taglio e, in quel momento, sono entrati due nuovi clienti. Il primo cliente era una signora dabbene, il secondo, ahimè, era un mago.

Aveva, infatti, la sigaretta in bocca. Che brividi! Per fortuna che lì vicino non c'erano boschi da far scomparire. Sapeste che salto ho fatto io dalla mia poltrona! Mi sono infilato sotto un espositore di lozioni e sciampo e non mi sono più mosso. Sono rimasto immobile a sorvegliare il mago, per vedere cosa avesse in testa. Anche lui si è preso la rivista dell'anno scorso (la stessa che aveva sfogliato Attilio). Leggeva e fumava. Fumava e leggeva. Aspirava la sigaretta a pieni polmoni come se fosse stata aria di montagna.

"Chissà cosa è venuto a fare in un posto dove non ci sono boschi da polverizzare? " mi sono chiesto preoccupato. Non staccavo lo sguardo da lui. Aveva accavallato anche una gamba. Di frequente osservava il parrucchiere. *"Sarà venuto per far sparire proprio lui... "* mi sono detto.

Fumava intanto e la sigaretta bruciava inesorabilmente fra le sue dita.

"Per tutti i frutti di bosco! Vuoi vedere che invece del parrucchiere, farà sparire il sottoscritto! E' venuto per completare la sua opera " ho pensato.

La sigaretta stava per finire ed io sudavo freddo.

Diede un'ultima aspirata di fumo.

"Ecco, ora dice: Quante cose da fare! Quante cose da fare! Quante cose da fare! " mi sono detto, tremando dalla paura.

Non ho perso tempo. Senza pensarci due volte mi sono avvitato su me stesso e non ho visto né sentito più nulla. Non so quanto tempo sono rimasto in quella posizione.

" *Forse sono già scomparso!* " ho pensato.

Lentamente ho tolto fuori il musetto e ho rivisto il mago: era ancora seduto al suo posto.

— *Evviva! Non sono scomparso!* — ho esultato.

Il mio giubilo è durato un micro milionesimo di secondo. Il mago si è messo un'altra sigaretta tra le labbra.

"*Oh, giuggiole! Avrei preferito la tortura di un battaglione di formiche teste-rosse* " mi sono detto. Ho ripreso a sudare freddo e a tremare come una foglia d'autunno. E' passato altro tempo e alla terza sigaretta fumata, ho gridato al miracolo. Per fortuna che il parrucchiere subito dopo ha annunciato: — *Ecco fatto!*

— *Bat! Dove ti sei cacciato? Esci fuori!* — mi ha ordinato Attilio, girando per le poltrone.

Niente. Io non ho mosso lingua, talmente avevo paura del mago. Sentivo che il mio amico si dava da fare e mi cercava disperatamente dappertutto. Poi mi sono accorto che anche il parrucchiere si era adoperato alla mia ricerca e pure la figlia del parrucchiere, così come la signora che stava seduta con la sua rivista sgualcita e perfino il mago con la sigaretta in bocca.

" *Sono fritto!* " ho pensato "*Se mi acchiappa il mago sono dolori... un secondo e vaaam... sparito! Addio mio caro Attilio! Addio mio caro libro e addio sogni di gloria!*" ho continuato a ripetermi con il cuore che mi saliva in gola.

Attilio non mollava, neanche il mago mollava, sentivo il suo respiro affumicato rimbombarmi dentro le orecchie. Avevo FIFA. Talmente mi sono spaventato che mi è accaduta una faccenda privata (non saprei se è il caso raccontarla) ma poiché il libro deve andare avanti, via... diciamo pure questa! Mi è accaduta una cosa mai successa prima. Ebbene lo dico subito, rompo il ghiaccio: ho fatto tanta di quella pipì che, ancora adesso, mi vergogno a dirlo. La pipì ha smascherato il mio nascondiglio. E' accaduto in questo modo: l'espositore delle lozioni e degli sciampo l'ho sentito spostarsi.

— *Ecco, dove ti sei nascosto!* — ha esclamato la figlia del parrucchiere.

Vinto dal panico, ho tentato una disperata fuga, ma sono finito dritto e sparato tra le sue mani. Mi sono arrotolato, ma non c'è stato niente da fare (i miei aculei, anche se in fase di guarigione, non pungono a dovere).

— *Sei stato anche monello, eh!* — mi ha rimproverato lei, osservando il rigagnolo della pipì, che dal punto dove si trovava l'espositore, era sceso fino alle poltrone.

Attilio si è trovato in grande imbarazzo, tutti lo hanno fissato con occhi sgranati, anche il mago l'ha osservato dando l'ultima aspirata a un'altra sigaretta.

" *Oddio, mi sa che il mago vuol far scomparire Attilio* " ho pensato in preda ad un'agitazione mai provata: — *Attento al mago!* — gli ho gridato.

Lui non ha battuto ciglio. Si è fatto rosso e ha balbettato: — *Scusate, scusatemi tanto...* — infine ha borbottato altre cosucce ma nessuno ha capito nulla.

Mi ha preso tra le mani e quando il mago si è rimesso a sedere, finalmente mi sono tranquillizzato. Prima di andar via siamo passati alla cassa e qui, lui ha stretto i denti (devo ammetterlo è un po' tirchio, lui mi dice sempre che deve barcamenarsi tra mille difficoltà economiche).

Tre ore dal parrucchiere, ci pensate; un'eternità: dalle quattro del pomeriggio alle sette di sera, con un mago di mezzo per giunta. C'è sempre gente dal parrucchiere, chissà quanti soldi! (le imposte incombono!) altro che paga di un maestro supplente!

— *Senti Attilio... Attiliooo! Mi ascolti? Perché non hai fatto il parrucchiere?* — gli domando.

— *Il parrucchiere!!! Ti sembra così facile... per te sembra tutto facile, Bat.*

— *Non è neppure difficile, ci vuole una forbice, un pettine e una figlia che lava i capelli ai clienti.*

— *Sì, una figlia che lava i capelli... sei sempre il solito. A parte la figlia, per fare un lavoro bisogna essere portati, ci vuole la passione. Capito?*

— *E tu, quali passioni professionali hai?*

— *Lo sai bene. Per due mestieri: maestro e giornalista.*

— *Ed anche per scrivere un libro insieme a un porcospino!*

~ 83 ~

— *Già, purtroppo...*

— *Perché, purtroppo?*

— *Scherzo Bat... dai, dai, andiamo avanti!*

— *Come andiamo avanti?*

— *A SCRI-VE-RE-IL- LI-BRO.*

— *Che problema! Cosa devo dire?*

— *Credo che sia giunta l'ora di raccontarmi la storia del bandito, non ti pare?*

— *A proposito di ore, Attilio, che ore sono?*

Lui guarda il suo orologio pieno di pulsanti: — *Non dirmi che hai sonno?*

— *NoOoOoO!*

— *Bene, allora dai, racconta!*

Appena rientrati a casa dal parrucchiere abbiamo cenato (per modo di dire, più che altro è stato un leggero antipasto).

Lui mi ha detto: — *Stasera un bicchiere di latte e stop! Così non mi viene sonno.*

Mi sono dovuto adeguare: anche per me latte e un centigrammo di miele.

— *Ehi, Bat. Non dirmi che vuoi altro miele?* — mi domanda (sembra prendermi in giro).

— *NoOoOoO!*

— *E allora, dai, racconta la storia del bandito!*

— *E va bene...*

Ormai non ho scampo.

Dunque, dunque... la storia del bandito è accaduta tantissimi e tantissimi anni fa. Questa storia me l'ha raccontata un vecchio porcospino vicino di tana (poverino, è sparito anche lui quel pomeriggio di luglio).

Sul finire di un inverno lungo e rigido, in una notte di luna piena, arrivò nel bosco, un tipo dall'aspetto poco raccomandabile. Era alto e grosso, aveva la barba folta e un fucile a tracolla. Quel tipo era un garibaldino.

Tempo prima, infatti, aveva combattuto come volontario nelle truppe di Garibaldi.

— *L'eroe dei due mondi!*

— *Sì, sì, proprio lui, quello che ha detto: " Obbedisco!"*.

Dicevo che, quel tipo, cioè Pier Del Mancio, si chiamava così il garibaldino arrivato nel mio bosco, prima delle sue battaglie non era un bandito, ma un giovanotto di appena diciotto anni. Dopo le battaglie anche lui divenne un eroe come Garibaldi. Uno che ha versato sangue per l'unità d'Italia non può essere che un eroe, vero Attilio?

Lui si aggiusta gli occhiali e annuisce.

Quando arrivò nel nostro bosco, indossava ancora la camicia rossa e aveva il fucile caldo e fumante, come se da poco avesse accoppato il viceré di Sicilia. Aveva in dosso una tasca di cuoio piena zeppa di cartucce (ce ne dovevano essere di viceré in Italia!).

Pier Del Mancio si era imbarcato a Quarto con altri due suoi amici della stessa età, cresciuti insieme a stenti e fatiche (ecco perché volevano farla bella l'Italia!). Sognavano un bel mondo, loro... senza ingiustizie, né tirannie e senza maghi che fanno sparire i boschi. Aveva combattuto con il coltello tra i denti come un Mohicano, per tal eroico gesto, Garibaldi in persona gli aveva battuto la mano sulla spalla e gli aveva detto: — *Tu sì, che ne hai di fegato!*

Era rimasto tanti anni al fianco del Generale Garibaldi. Quando l'Italia fu fatta, ritornò al suo paese, senza i suoi due amici però... perché questi avevano versato tutto il loro sangue, fino all'ultima goccia per la patria. Ah...

— *Cos'hai Bat, sonno?*

— *NoOoOoO!*

— *Continua, allora!*

— *Dov'ero rimasto... ah, la patria... poi, Pier... Gruufff! Gruufff! Gruufff!*

— *Che fai Bat, dormi?*

— Ah, come? NoOoOoO! Gruufff!

— *Adesso così... sul più bello, Bat...*

— *Gruufff! Gruufff!*

— *Baaat! Sveglia!*

— *Come? Cosa? Ah, già... gruufff! Gruufff!*

Bat è cotto dal sonno, sembra in letargo e non c'è verso di svegliarlo, vi prego di scusarlo. Tra l'altro anch'io sono stanco e domani dovrò andare a scuola per una supplenza. Buonanotte!

Pier del Mancio

E' domenica pomeriggio, sono le quattro e fuori piove.

Oggi è il mio compleanno, la torta di miele d'acacia e di ghiande macerate la mangio dopo cena. (Attilio e la compagnia preferiscono il tiramisù).

Siamo qui, belli freschi, davanti al computer da appena cinque minuti.

No, non preoccupatevi, stavolta non ho sonno.

Ieri non abbiamo scritto per niente: è stata una giornata molto impegnativa. Stamani, invece, siamo tornati nel bosco, c'era anche Carla (poi vi racconto). Vediamo adesso di fare del nostro meglio per mandare avanti il libro.

— *A proposito, Attilio, ci vuole molto alla fine?*

— *Non credo Bat.*

— *Dimmi, dimmi... quante pagine mancano ancora?*

— *Boh, neanche io lo so con esattezza. Tutto dipende.*

— *Dipende da cosa?*

— *Da un sacco di cose... ma soprattutto da te, da ciò che vorrai ancora raccontarmi.*

— *Ho capito. Però, Attilio, confessalo dai... sono bravo a scrivere libri, eh?*

— *Non farmi ridere Bat. Tu sei bravo a gnam... gnam... gnam...*

— *Va be', almeno sono bravo in qualcosa.*

— *Stupidone... su, parlami di Pier Del Mancio!*

— *Pier Del Mancio! Pier Del Mancio! Non so mai se definirlo un bandito oppure un eroe. Eroe gli calza meglio, lo sento nel mio cuoricino che gli si addice di più. A Calatafimi aveva combattuto al fianco di Garibaldi, là, col suo fucile sempre caldo, aveva accoppato i nemici dell'Italia come piccioni. Per questo motivo quando arrivò nel bosco, aveva tante belle medaglie che gli pendevano dalla camicia rossa.*

— *Scusa, Bat ma queste notizie, chi le ha raccolte?*

— *Beh, sicuramente il trisavolo del porcospino che abitava vicino alla nostra tana di famiglia.*

Lui spalanca gli occhi.

Erano molto belle le sue medaglie: medaglia al valore militare, medaglia al valore della patria, medaglia al valore del Re, medaglia al valore civile...

Pier Del Mancio era pieno di valori, non come il mago che ha fatto sparire il mio bosco.

Nel paese lo avevano accolto da eroe per via delle tante medaglie.

Finiti i clamori e i festeggiamenti, aveva detto: — *Voglio andare a lavorare il mio pezzo di terra.*

Qualcuno gli aveva risposto: — *Mentre tu facevi l'Italia, il tuo pezzo di terra è passato nelle proprietà di Don Fernando, il barone più ricco di tutto il paese.*

— *Come? Come?* — aveva ripetuto Pier Del Mancio.

Il barone gli aveva riso in faccia e sguinzagliato due ceffi da spavento. Siccome, lui aveva il fucile ancora caldo per la battaglia di Calatafimi, li aveva accoppati tutti e tre quasi con un sol colpo, come fossero stati anche quelli nemici dell'Italia. Così da eroe divenne bandito con un sol colpo e arrivò nel bosco della Quercia Gigante, allora chiamato bosco e basta. Per un anno intero visse in quel paradiso. Aveva deciso di vivere alla macchia, piuttosto che essere fucilato al pubblico come traditore della patria. Lui sì che lo rispettava il bosco! Tutti gli animali volevano un gran bene a Pier Del Mancio, tranne i cinghiali, perché ogni tanto faceva scoppiettare il suo fucile garibaldino e ne stendeva uno. Era un duro Pier Del Mancio, altroché! Ci fosse stato lui, avresti visto Attilio... Avrebbe fatto scoppiettare il *garibaldi,* eee... pooom! Il mago accoppato e il bosco salvato!

— *No alla violenza, Bat!* — mi ammonisce con tenerezza.

— *Già, già... OBBEDISCO!* — rispondo con un inchino.

La casa di Pier Del Mancio era una grotta in mezzo al bosco, ma nessuno sapeva, dove si trovava l'entrata. Quell'anno passò velocemente senza nessun rischio per lui: in estate si videro alcuni taglialegna e niente più. Il guaio, per il bandito eroe, arrivò dopo, quando, dopo un anno dalla sua fuga, giunsero nel bosco due battaglioni di armigeri a cavallo con i baffi grossi e lunghi:

— *Sei in trappola, arrenditi!* — gridò il comandante.

E lui, invece di dire "obbedisco", rispose: — *Meglio morire da eroe che da traditore della patria!*

La schioppettata del suo fucile fu sommersa da quella degli armigeri. Sembrava la battaglia dell'Aspromonte!

Infatti, Pier Del Mancio fu ferito a una gamba proprio come Garibaldi, però non lo presero perché riuscì a trascinarsi nella sua grotta. Dopo un giorno di ricerche gli armigeri andarono via senza la sua pelle.

Pier Del Mancio rimase steso a terra nella sua grotta, ma ormai era moribondo. Solo quattro porcospini gli stavano intorno a lenire per carità cristiana il suo dolore. E lui, mentre se ne andava all'altro mondo, aveva nei suoi occhi color del mare una luce nuova, quasi come quella di un martire. Le sue mani si erano giunte a invocare nella più silenziosa delle preghiere il perdono.

Attilio è immobile che osserva attonito il monitor del computer, ha gli occhi umidi. Fuori continua a piovere.

Sempre per carità cristiana, appena giunta la sua fine, i porcospini ricoprirono di rametti, foglie secche e terriccio il suo corpo e poi anche l'accesso alla grotta, per dargli una giusta sepoltura.

Qualche anno dopo, dalla sua tomba spuntò il ramoscello di una quercia che divenne, ben presto, la più grossa e la più alta del bosco. Ecco perché il mio caro bosco si chiama IL BOSCO DELLA QUERCIA GIGANTE. Per mio conto, tuttavia, poteva chiamarsi benissimo IL BOSCO DI PIER DEL MANCIO.

— *Che storia Bat!*

— *Ti è piaciuta, Attilio?*

Lui annuisce malinconicamente.

Un sabato alla grande

Pizza

Meglio andare avanti con il nostro libro.

Venerdì sera mi è venuto un sonno (dovete scusarmi) non per via del

piattino di miele, ma per colpa di quella snervante e preoccupante attesa dal parrucchiere. Ad Attilio gliel'ho già detto: — *Il sottoscritto in quel salone non ci mette più zampa! Hai capito bene Attilio?*

— *D'accordo Bat!* — mi conferma lui.

Sabato è stato un giorno senza computer (meno male).

Allora... Attilio è uscito per andare a scuola ed io me la sono spassata per il giardino (ieri è stata una bella giornata) in cerca di lombrichi mangiaterra.

" *Finalmente, dopo tante fatiche letterarie, un po' di relax ci vuole...*" mi sono detto.

Sono stato per un'ora buona nella più totale tranquillità e quando mi sono riempito la pancia di lombrichi che mi parevano bucatini all'amatriciana...

Lui fa un musone.

— *Suvvia Attilio, non arrabbiarti. Non lo faccio più! Presto tornerò a divorare bacche di giuggiole e ghiande di quercia. Sarò un vegetariano a tempo pieno.*

Dicevo... dopo l'amatriciana, ho fatto un giretto di controllo, così, giusto anche per la digestione e siccome ho sentito due cinciallegre sull'albero del ciliegio, mi sono piazzato lì sotto per ascoltarle meglio (un po' di musica fa sempre bene). Cantavano da meraviglia, riempiendo il cielo di bucolici gorgheggi armoniosi. Al sottoscritto gli è venuta una grande nostalgia del bosco. Sono rimasto bocconi con gli occhietti spalancati a sognare querce, castagni, sughereti, ghiande, porcospini e quant'altro di bello ho perduto. Mi sono venuti alla mente tanti bei ricordi e tutto mi appariva magnificente e reale. I miei genitori e miei fratellini hanno iniziato a rimbalzarmi nella testolina a ritmo vertiginoso e il mio cuore si è gonfiato di lacrime. Stavo per piangere, ma non ne ho avuto il tempo, perché ho visto un tizio in divisa con la sigaretta in bocca:

— *Aiutooo! Un magooo!* — ho gridato.

"Giuggiole! Quanti ce ne sono! " mi sono spaventato nei miei pensieri.

Il mago in divisa ha messo una lettera nella buca delle poste ed è andato via, per mia fortuna. Vi giuro ho passato un brutto momento. Mi sono tranquillizzato e ho ripreso a girovagare per il giardino senza una meta precisa (il giardino comincia a starmi stretto). E' molto frustrante vedere il muretto con la recinzione intorno, spesso ho la sensazione di essere in prigione.

Attilio scuote il capo.

— *Scusami, non volevo dire esattamente questo...*

— *Ti capisco Bat.*

Ieri, lui è rientrato all'una e mezzo, (13.30) meno male che avevo fatto una colazione abbondante di bucatini, altrimenti sarei svenuto dalla fame.

— *Non dire così Bat. Lo sai bene che nella scodellina ti ho lasciato la tua buona razione di noccioline, non ti ricordi?*

— *Sì, va be', ma cosa vuoi che siano per me. Lo sai bene no, che io sono piccolo e devo crescere.*

— *Hai sempre ragione tu, mi sto zitto.*

Appena ha aperto la lettera, ha spalancato gli occhi e ha sollevato le mani al cielo gridando: — *Juuuu!*

— *Cos'è accaduto?* — gli ho domandato — *E' riapparso il mio bosco?* — ho aggiunto, pensando che, finalmente, il mago con la divisa si fosse deciso a farlo riapparire e lo avesse comunicato con una lettera raccomandata A.R. .

Lui ha continuato: — *Juuuu! Era ora, finalmente!*

— *Ora posso tornare nel bosco della Quercia Gigante?* — gli ho ripetuto, con dei punti interrogativi grandi quanto le querce del mio ex bosco.

— *Sì, Bat... cioè no.*

— *Spiegati una buona volta!* — l'ho ripreso.

— *No, Bat, non si tratta del bosco* — ha brontolato.

— *E allora di che si tratta?* — l'ho incalzato.

— *Riguarda la scuola, Bat.*

— *Ah, la scuola... buone notizie per te, dunque...*

—*Molto buone, Bat; era da tanto che aspettavo la lettera dal Provveditore.*

— *Chi è il Provveditore?*

— *E' un signore che dirige le scuole di tutta la provincia.*

— *Giuggiole di Diana e di Fauno! E' come un comandante della scuola!*

— *Sì, Bat.*

— *Come Garibaldi?*

— *Quasi Bat.*

— *E tu, Attilio, saresti un nuovo Pier Del Mancio!*

— *Beh, adesso Bat...*

— *Adesso cosa?* — gli ho domandato, acuendo le orecchie.

— *Non mi sembrano paragoni da fare.*

— *Ah, già... l'Italia è fatta da un pezzo. Non c'è più bisogno di farla un'altra volta, vero Attilio?*

— *L'unità d'Italia c'entra ben poco* — mi ha risposto.

— *Va be', a questo punto non insisto, però, dimmi almeno le buone notizie!*

— *Bat, sono passato di ruolo.*

— *Che vuol dire di ruolo?*

— *Vuol dire che non farò più supplenze e sarò un maestro a tutti gli effetti. A tempo pieno.*

— *Questo significa che resterai sempre a scuola?*

— *Quasi, Bat.*

— *Ed io? E il libro?*

— *Non preoccuparti. Per il libro scriveremo la sera...*

— *E sentiamo, quando dovresti iniziare a fare il maestro vero?*(Non che prima fosse finto)

— *Lunedì ventidue ottobre, fra una settimana. Mi è stata assegnata una Prima Elementare. Magari, qualche giorno, potresti venire con me a scuola.*

— *Meglio di no, Attilio. Il rischio è grande: ti potrei combinare un groviglio di rovi e così va a finire che ti farò perdere pure il posto.*

Lui ha stretto i denti: — *A proposito di groviglio di rovi, mi raccomando stasera in pizzeria!* — mi ha avvertito.

Ieri a pranzo ha mangiato la solita scatoletta con una mozzarella e un pomodoro. Quando va a scuola, i fornelli della cucina rimangono spenti. Chissà quante scatolette, dovrà aprire ora che ha il posto fisso! Mi fa anche un po' di... di pena.

— *Ehi, Bat. Vacci piano* — mi ammonisce.

— *Non prendertela, Attilio* — mi scuso — *Sono molto felice per il posto fisso e dispiaciuto per le scatolette, niente più.*

Il pomeriggio di ieri è volato. Attilio si è riletto la lettera per cinque, sei volte, forse anche di più. Verso le cinque ha telefonato a Carla per comunicarle la notizia. Non l'ho visto mai così emozionato. Le ha detto: — *Siamo vicini di classe, Carla...*

Dentro la cornetta ho sentito i sorrisi di lei.

Dopo le cinque sono iniziati i preparativi per andare in pizzeria: ha cominciato con una doccia profumata profumatissima. Dopo si è sdraiato su di una poltrona con un libro in mano mentre una musica rilassante dal mobiletto-stereo inondava tutta la stanza. Ogni tanto mi ripeteva: — *Bat, l'hai fatta la pipì?* (aveva paura che la facessi in pizzeria, così, com'è avvenuto dal parrucchiere).

Io, dopo tanti sì, non gli ho più risposto. Eh, che giuggiole! La pazienza ha un limite, anche per un porcospino. Non gli ho risposto

neanche quando siamo saliti sul fuoristrada e stavamo per andar via.
Lì, ha avuto un tono più deciso: — *Baat, l'hai fatta la pipì?*

Io... zitto e mosca!

Lui, forse, ha capito: — *Ti sei offeso Bat?*

— *NoOoOoO!* — ho grugnito, quasi ragliato alla pari di un somarello incaponito.

Da quel momento non mi ha detto più niente sulla pipì. Siamo andati diritti e sparati da Carla, poi da Gigi, da Antonella e da Matteo: tutti amici di Attilio, all'infuori di Carla che la considero non esattamente amica, eh! Tutti dentro il fuoristrada pigiati come sardine e via in pizzeria!

Che divertimento!

C'era un pizzaiolo simpatico con un fungo bianco (oh, pardon, pensavo ai funghi del mio bosco, volevo dire berretto bianco) sulla testa. Aveva un faccione rosso e due baffoni da turco ottomano. Io ero passato inosservato, perché Attilio mi aveva portato dentro la tasca della giacca.

Dopo esserci accomodati, sono uscito allo scoperto e mi sono accovacciato in un angolo sotto il tavolo.

— *Etccc!!!*

Attilio starnutisce all'impazzata.

— *Etccc!*

— *Salute! Salute!*

— *Grazie Bat!* — mi risponde, togliendosi il fazzoletto di tasca.

— *Stamani su nel bosco ti sei bagnato ed ecco il risultato, Attilio!*

— *Mah... spero di non buscarmi un raffreddore... dai, dai, continua!*

In pizzeria mi è piaciuto tanto perché ho avuto successo; ho attirato l'attenzione di tutta la compagnia. Dapprima ha iniziato Carla con i complimenti e con le carezze; io facevo di tutto affinché lei, siffatte gentilezze, le rivolgesse all'amico mio, ma non capiva un grugnito, neanche quelli più armonici e modulati.

Antonella, una ragazza vivace, non faceva altro che ripetere: — *Brontolone! Brontolone!* — e mi grattava il musetto.

La mia attenzione era concentrata su Carla, appena entrati in pizzeria, ho cominciato a ripetere: — *Attiliooo... siediti vicino a Carla! Siediti vicino a Carla! Siediti vicino a Carla!*

Alla fine ce l'ho fatta. L'ho convinto. Se non mi avesse ascoltato, gli avrei mollato un morsetto spaccaghiande. Nell'attesa della pizza, il cameriere ha portato due bibite e tre birre più un piattino di olive sgusciate e un cestino di grissini. Così tutti, sempre nell'attesa che la pizza cuocesse, hanno iniziato ad assaggiare i grissini. Anch'io mi sono dato da fare e ne ho demolito un paio e, poiché avevo messo in moto l'apparato mandibolare, ci sono passate pure un paio di olive. E' stata una vera fortuna aver trovato quel posticino all'angolo, lontano da occhi indiscreti, altrimenti chissà quanto trambusto, avrebbero fatto i clienti per dirmi: " *Che bellino! Che simpatico! Uhm, buono, arrosto!*".

Matteo ha domandato: — *Dove l'hai preso il porcospino?*

Attilio ha corrugato il volto: — *Ah, brutta storia! Bat è l'unico sopravvissuto alla scomparsa del bosco della Quercia Gigante.*

— *I piromani devono andare in prigione per tanto tempo!* — ha sentenziato Gigi.

— *Vi rendete conto cosa vuol dire la scomparsa di un bosco?* — ha esclamato Carla, guardando attonita gli altri.

— *Ci vogliono non meno di trent'anni affinché si riformi un bosco del genere* — ha ripetuto Gigi.

— *Se bastano...* — è intervenuta Antonella.

— *Ma cosa dicono... trent'anni... si sbagliano di grosso! Questi tuoi amici, dei boschi non capiscono nulla. Non è vero, Attilio?* — gli ho domandato.

— *Sì, Bat... cioè no. Ecco, hai ragione tu* — mi ha balbettato. Poi ho visto che faceva una faccia strana ai suoi amici e con l'indice all'insù vicino al naso, ha fatto: — *Sissst!!!*

— *Che vuol dire questo sissst, ora?* — gli ho chiesto.

— *Niente Bat. Li sto solo avvisando di fare molta attenzione, perché ci potrebbe essere qualche mago qui intorno e i maghi, come ben sai, quando sentono parlare di boschi, entrano subito in azione* — mi ha risposto.

Non che io ci abbia creduto più di tanto alle sue parole: puzzavano di frottole, comunque mi sono guardato in giro, per sicurezza, non si sa mai. Non ho visto nessun mago nei paraggi. Ce n'erano un paio soltanto (sono dappertutto) seduti a un tavolo lontano dal nostro e fumavano di gran carriera, eppure il locale era a prova di mago, perché ho visto alcuni cartelli affissi alle pareti. C'era scritto:

Vietato fumare

I maghi devono essere gli unici a non rispettare le regole.

Dopo il "sissst" di Attilio, tutti hanno iniziato a parlare in modo più difficile.

Ad esempio, Gigi ha detto: — *La tutela dell'ecosistema si attua partendo da una nuova visione delle problematiche legate agli sviluppi discriminanti verso l'habitat naturale.*

E Antonella: — *E il buco dell'ozono! Dove lo mettiamo? Tutti noi conosciamo le conseguenze dell'effetto serra: ghiacciai che si squagliano come gelati al sole, eventi disastrosi geo-climatici, immissione nell'atmosfera di raggi ultravioletti e tanti altri scompensi tendenti ad alterare l'equilibrio della vita stessa.*

— *Mamma mia! Quante disgrazie ha causato la scomparsa del mio bosco!* — ho esclamato.

— *E questi raggi ultravioletti che saranno mai, Attilio?* — gli ho domandato.

— *Adesso Bat, non è semplice spiegartelo così, in due parole...* — mi ha risposto lui.

Per fortuna che sono arrivate le pizze belle, calde calde. Io, di quelle parole difficili, non ci ho capito niente.

Dunque... Attilio mi ha messo, sotto il musetto, un tocchetto di pizza, (scusate il galateo) dove c'erano due capperi, un funghetto e un pezzo di pomodoro. Che leccornia! Mi sono leccato pure le zampette. A quel punto, Carla mi ha domandato: — *Ne vuoi un altro pezzo?*

Siccome Attilio mi ha guardato di sbieco, ho risposto: — *NoOoOoO!*

— *Che cosa ha detto?* — gli ha chiesto Carla.

— *Ha detto no che, però equivale a un sì* — le ha risposto Attilio.

Così ne ho sbafato un altro pezzo sotto i sorrisi di Carla.

Quando ho sentito la pancia piena, mi sono lanciato all'attacco. Ho iniziato a leccare la mano di Carla e ho detto: — *Lo sai che Attilio mangia troppe scatolette!*

Lei, dapprima ha sorriso, poi ha guardato Attilio con aria interrogativa:

— *Che fa? Che dice?*

Lui è diventato rosso come una bacca di biancospino in piena maturazione, ha guardato a manca e a destra, poi ha iniziato a sbuffare e a fatica ha risposto: — *Beh, è un po' brontolone... sai... è anche un buongustaio.*

Io sono tornato al contrattacco: — *Attiliooo! Dille la verità!*

— *Ma va, Bat. Che devo dire?*

— *Devi dirle che il tuo cuore, quando incontri lei, ti batte a mille, e che pensi sempre a lei. Devi dirle che... beh, insomma, spiegale che non puoi continuare a vivere da solo. Diglielo che hai bisogno di una mogliettina di nome Carla,* — gli ho gridato — *e dai, diglielo!*

— *Bat, non torturarmi! Ti pare questo il modo* — mi ha ripreso lui.

Io ho continuato: — *Diglielo! Diglielo! Diglielo!*

Lui è rimasto imbambolato.

— *Che desidera, Attilio?* — gli ha domandato Carla, mentre tutti gli altri lo fissavano in attesa di una risposta.

Lui ha ciondolato la testa e si è guardato intorno: — *Beh... boh... cioè... ma devo proprio dirlo?*

Tutti in coro: — *Dillo! Dillo! Dillo!*

Carla l'ha guardato con occhi dolcissimi e gli ha accarezzato la mano.

"*Forse ci siamo*" ho pensato.

— *Beh, ecco... la mia cucina non gli piace per niente. Preferisce quella di una ragazza che si chiama Carla* — ha balbettato lui.

Tutti sono scoppiati a ridere, anche il pizzaiolo con i baffi ci ha guardato con un sorriso a trentadue denti e ha gridato: — *Evviva la gente allegra!*

— *Ti è piaciuta la pizza, simpaticone?* — mi ha chiesto Carla.

— *Attiliooo, non fare il furbo con me! Diglielo chiaro e tondo che hai bisogno della mogliettina* — l'ho incalzato.

— *No, dai... così, davanti a tutti... ti sembrano questi i modi?* — mi ha risposto sottovoce, stringendo i denti e facendo altre smorfie per zittirmi.

— *Desidera qualcos'altro?* — hanno domandato tutti in coro.

— *No be', più che... insomma, per domani sera, Bat è onorato di invitarvi a cena a casa mia!* — ha mentito lui.

Stavo per arrabbiarmi, ma per paura di combinare un groviglio di rovi mi sono trattenuto: — *No, no, no. Tu, Attilio non cambi mai, dille almeno che domani pomeriggio venga a casa, da sola, mi raccomando, e ricordale che aspetto il pacchetto delle noccioline. Per te sarà l'occasione migliore per PARLARLE a quattr'occhi.*

Finalmente si è deciso e le ha parlato, non della mogliettina, ma delle noccioline.

— *Etccc!!!* — starnutisce.

— *Salute!*

— *Etccc!*

— *Salute! Salute!* (Raffreddore in vista!).

— *Spero Bat che sia tutta salute* — mi risponde.

— *Stasera: latte con miele e aspirina* — gli prescrivo.

— *Va bene, dottore!* — mi redarguisce.

Quando piatti e bicchieri finivano nelle mani del lavapiatti e si stava per andar via dalla pizzeria, Carla gli ha chiesto: — *Allora, Attilio, domani torni nel bosco?*

— *C'è molto da fare ancora...* — ha risposto lui.

— *Cosa ne dite, ragazzi, se domani ci andassimo anche noi per dare una mano a questo chiacchierone?* — ha domandato Carla, accarezzandomi la zampetta.

— *Juuuuu! Evviva!* — ho esultato.

Così, stamani, il mio caro bosco si è riempito di voci e di vita.

Che divertimento!

Ah, un'ultima cosa... prima di andar via dalla pizzeria ho lasciato il mio segno: beh, ho fatto la pipì vicino al piede del tavolo, nessuno se n'è accorto.

E' stato proprio un sabato alla grande!

Attilio scuote la testa e sorride.

La Domenica degli alberi

Evviva! Evviva! Fra poco arriva Carla con le noccioline.

Dobbiamo festeggiare il mio compleanno, viene insieme a tutta la compagnia. Che brava ragazza! Mi piace tanto, tanto, tantissimo, va! Stamani su nel bosco mi ha anche commosso. E' successo quando ho accompagnato tutti quanti alla tomba di Pier Del Mancio.

La tomba di Pier Del Mancio non era come tutte le altre tombe. Prima della scomparsa del bosco, lì, da quel punto, s'innalzava al cielo la quercia gigante. Non c'era nulla di funereo che potesse far pensare a una tomba. Nonostante questo, noi porcospini, quando passavamo lì vicino, chinavamo il capo in segno di rispetto per l'eroe e anche per la patria. Oggi, invece, di quel maestoso albero è rimasto un moncone carbonizzato, niente più. Adesso la tomba di Pier Del Mancio ha il suo tipico aspetto sepolcrale. Dopo un doveroso raccoglimento e, dopo aver pregato silenziosamente, abbiamo scavato (hanno scavato, pardon!) una buca.

Lei, Carla, vi ha piantato un giglio bianco, l'ha ricoperto di terriccio e con un tono languido ha detto: — *Possa rinascere da questa cenere il fiore dell'amore e della pace!*

Tutti quanti hanno chinato il capo, io le ho solo leccato la mano. Dopo ci siamo dati da fare a scavare buche e piantare alberelli. Sul portapacchi del fuoristrada, Attilio ne aveva caricato a bizzeffe; direi il triplo se non il quadruplo o il quintuplo del solito.

Che bella mattinata di festa!

Quando si piantano alberi, chissà perché tutti sorridono e cantano felici! Gigi e Matteo avevano il bel da fare con i picconi, Carla e Antonella lavoravano con le vanghe. Attilio aveva l'espressione di un anti-mago per eccellenza, infatti, non faceva altro che ripetere: — *Acqua! Acqua! Acqua! Per far crescere le piantine, ci vuole tanta acqua!*

— *Speriamo che arrivi un bel temporale* — gli ho intonato io, quando mi sono stufato di sentire quella cantilena.

— *Con questo bel sole sarà difficile, Bat* — mi ha risposto lui.

Siamo andati avanti a fare buche, ogni tanto saltava fuori un lombrico ed io diventavo pazzo per la solita storia delle proteine. Attilio, invece, faceva di tutto per allontanarmi dal mio pasto.

— *Vedi Bat, il fatto che saltino fuori questi lombrichi è un buon segno,* — mi ripeteva — *per il bosco, naturalmente...* — aggiungeva prima che io potessi esprimere il mio parere di buongustaio.

— *Senti, Attilio... se tornassi a vivere qui... eh! Che ne pensi?* — gli ho domandato a un certo punto.

— *Bat, Bat, lascia stare i lombrichi!*

— *Perché non mi prendi sul serio?* — ho strillato mentre lui, piegato sulle ginocchia, piantava una sughereta.

— *Non è questo il motivo, Bat* — mi ha risposto.

— *E allora, qual è il motivo? Dai, spiegamelo!* — ho insistito.

— *Mi sembra ancora presto, Bat...*

— *Non dirmi che anche tu la pensi come i tuoi amici, che di boschi non capiscono TANTISSIMO NULLA.*

— *No, Bat. Non fraintendermi.*

— *E allora, Attilio, che c'è di male se tornassi a vivere qui. Vedrai... fra non molto tutto tornerà come prima, inoltre, fra poco, inizia l'inverno ed io andrò in letargo bello, rotondo e quieto.*

— *Bat, mi devi scusare, ma io non mi sento ancora pronto... aspettiamo qualche altra settimana, poi vedremo...* — ha sospirato.

Io non ho insistito. Alle questioni del cuore bisogna dare ascolto. Non posso permettermi di abbandonare un amico così caro; anche se in me c'è il forte desiderio di tornare a vivere nel luogo natio, devo tener conto di quest'aspetto: l'amicizia è una cosa seria!

— *Quando arriva Carla con queste benedette noccioline?* — gli chiedo, osservando il monitor, dove i miei grugniti si trasformano in scrittura luminosa.

— *Non dovrebbe tardare Bat.*

— *Spero che arrivi presto. Mi appello al tuo self-control, Attilio, non imbambolarti, ma cerca di essere più... più... più a modo, ecco. Devi farle capire che hai bisogno di una mogliettina di nome Carla, soprattutto devi usare garbo e delicatezza* — gli consiglio.

— *Una parola! Mi hai scambiato forse per un attore di Hollywood?*

— *Non farmi ridere. Quando si ha bisogno di una mogliettina, si può fare anche il regista ed anche... insomma, puoi fare il film completo. Il titolo te lo do io: **Una mogliettina per Attilio**. Ti piace?*

— *Da morire, Bat... dai, dai, parla di cos'è accaduto stamani!*

— *Va be'... grugnnn!*

Siamo stati fino alle undici a fare buche e piantare alberelli. Li abbiamo piantati quasi tutti, quasi tutti quelli che avevamo nel fuoristrada, ne sono rimasti sì e no... tre o quattro. Alla fine ci ha sorpreso l'acqua (con il temporale ci ho azzeccato). E' iniziato a piovere a catinelle, abbiamo fatto appena in tempo a raccogliere piccozze e badili.

— *Etccc!*

— *Salute!*

Una corsa pazzesca alla macchina. Tutti bagnati come pinguini, escluso il sottoscritto (Attilio mi ha tenuto dentro il giubbotto).

— *Quest'acqua fa bene al bosco.* — ha sbuffato Attilio lanciando occhiate alle piantine in lontananza, che apparivano come una macchiolina verdolina nel mare di cenere — *Oggi abbiamo fatto un ottimo lavoro* — ha aggiunto infilando la chiave nel cruscotto per l'accensione.

— *Già, anche se ci vorranno non meno di trent'anni* — ha risposto qualcuno della compagnia.

— *Ci risiamo con i trent'anni!* — ho gridato — *Che nervi!*

— *Ehi, Attilio, cosa ha detto Bat?* — si è informata Carla.

Attilio ha messo in moto l'automobile: — *Ha detto che un bosco può riapparire anche in breve tempo, tutto dipende dalla buona volontà delle persone. Non è vero Bat?*

— *Ecco, Bravo!* — gli ho risposto io.

— *Magari fosse...* — si è sentito nei sedili posteriori, dove c'erano Gigi, Matteo e Antonella.

— *Sissst!* — ha fatto Attilio.

Nessuno ha più parlato del bosco.

— *Etccc!*

— *Salute!*

Missione incompiuta: Il bosco non si vede

Sono trascorsi quindici giorni dall'ultima volta che abbiamo scritto. Quindici giorni senza computer. Eh, già... il libro sta per finire o quasi...

Oggi è domenica, LA MIA DOMENICA! Siamo qui nel bosco della Quercia Gigante, Attilio ed io, da soli. Carla non c'è, la compagnia non c'è: tutti sono impegnati. Il computer non c'è: Attilio scrive con una penna biro blu su di un quaderno; devo dettare più lentamente (con il computer, invece, è supervelocissimo).

— *Siamo alla fine, vero Attilio?* — gli domando.

— *Quasi, Bat.*

— *Non finisce mai?*

— *Ancora un poco.*

— *Sai una cosa, Attilio.*

— *Dimmi.*

— *Sono contento di avere scritto il libro.*

— *Anch'io, Bat.*

— *Speriamo che funzioni...*

— *Sta tranquillo, un libro non si scrive per caso e neppure per passatempo. Funzionerà! Funzionerà! Non preoccuparti!*

— *Ah, se sapessi Attilio! Sembra che, qui, nel mio bosco, stia per iniziare una nuova vita. Adesso devo riorganizzare il mio spazio vitale... per prima cosa mi scaverò una bella tana tra gli alberelli, non lontano dalla pietra affumicata, così, poco alla volta, mi riabituerò alle asprezze del bosco. Tanto non tarderà a riapparire!*

— *Mi raccomando Bat, non allontanarti oltremisura dalla tua tana!*

— *Stai tranquillo, Attilio. Io sono un porcospino e conosco molti trucchi per sopravvivere nel rustico grembo di madre natura.*

— *D'accordo Bat, non ti dico altro. Vuoi raccontarmi qualcos'altro per il libro!*

Ah, già, già... dunque... in questi quindici giorni sono accadute molte cosette. Innanzitutto, dopo la domenica del temporale, Attilio si è buscato il raffreddore: tre giorni a letto con febbre a trentanove. Per fortuna che c'era Carla! Si è data da fare per lui e per me: brodini, sciroppi, pastiglie, latte caldo, miele e pulizia della casa. Alla fine tutto bene; però, questo mi dispiace, Attilio non si decide a dirle ciò che le deve dire.

Anche la domenica sera che Carla era arrivata a casa con le noccioline e con tutta la compagnia (a proposito gran festa per il mio compleanno) ed era rimasta con noi a cena, lui non ha fatto un accenno alla storia della mogliettina. Che nervi!

— *Andiamo, Bat, cambia discorso.*

— *Attilio, nei giorni della febbre lei sembrava un'autentica mogliettina e tu, invece...*

— *Io, cosa?*

— *Ti ho visto più imbambolato del solito.*

— *Dai, Bat... avevo la febbre alta e tu vieni a raccontarmi queste frivolezze.*

— *Va be', come non detto. Comunque, Attilio, sai che quest'aria del bosco mi sta facendo veramente bene* — gli confesso con un tono di RICONOSCENZA.

— *L'aria di casa fa sempre bene Bat.*

— *Sent...*

— *Aspetta Bat! Devo girare pagina.*

— *Sento già un effetto benefico che si spande per tutto il corpo e gli aculei devono pungere adesso, eh!*

— *Quelli pungevano dalla settimana scorsa, ti ricordi cosa mi hai combinato alla mano?*

— *Non l'ho fatto apposta Attilio. Scusa di nuovo.*

— *Non volevo dire questo.*

Lui controlla l'orologio.

— *Che ore sono?*

— *Sono già le dieci, hai fame, Bat?*

— *Un po'.*

— *Toh, acchiappa una ghianda!*

— *Gnam, gnam, gnam!*

— *E mi raccomando, quando resterai da solo, vacci piano con i lombrichi.*

— *Gnam, va bene, gnam! Soltanto qualche insetto mangiafoglie, gnam! Promesso!*

— *Dai, adesso continua!*

— *Aspetta. Ggnam!*

Dopo i tre giorni di febbre è arrivata un'altra brutta notizia: l'articolo giornalistico non sarà pubblicato (questa non è una sorpresa). Il capo redattore ha inviato un fax che diceva, all'incirca, così: **Per motivazioni di carattere esclusivamente editoriale l'articolo sulla scomparsa del bosco della Quercia Gigante non sarà pubblicato, poiché incombono notizie di maggior rilevanza e urgenza giornalistica. Ci riserveremo un'eventuale pubblicazione futura.**

Distinti Saluti

E' stato proprio un bel fax!

Magari l'articolo sarà pubblicato quando riapparirà il bosco. Allora tutto sarà riportato sulla prima pagina. Ci sarà un titolo grande e grosso che, all'incirca, dirà: **Miracolo! E' riapparso un bosco!**

Titolo bellissimo, eh! Domenica scorsa niente bosco. Attilio doveva preparare alcune schede al computer per il suo lavoro. Tra fax, febbre e lavoro, è stata una brutta settimana. Mi sono annoiato un bel po', i giorni sono trascorsi stancamente senza un sussulto, senza nessuna novità. Il mio bosco mi appariva lontano mille miglia, più lontano di ogni mio segreto sogno. Quando Attilio ha cominciato a lavorare a tempo pieno poi, e ad aprire tante scatolette, le cose non sono cambiate, anzi... noia, noia, noia.

Era sempre stanco. La sera, dopo cena, iniziava a sbadigliare e il computer rimaneva spento. Non si parlava più del bosco.

Tutto sembrava definitivamente finito.

Mi parlava tanto della scuola e poco di Carla. Di lei gliene parlavo io. Tre giorni fa, per tirarmi su, mi ha detto: — *Bat, allora vuoi venire a scuola con me oggi?*

— *Boh!* — ho esclamato con una faccia sconsolata.

— *Ti prego Bat, non fare così! Lo so, ti sei stancato di me e vuoi tornare nel tuo bosco. Tutto è comprensibile, ma non abbatterti in questo modo* — mi ha rincuorato lui.

Così io ho proposto: — *Facciamo un patto!*

— *Dimmi Bat!*

— *Tu desideri veramente che io venga a scuola con te?* — gli ho domandato.

— *Gliene ho parlato anche ai miei piccoli alunni, gli ho mostrato la tua fotografia. Sono tutti entusiasti e ti vogliono un gran bene. Mi hanno promesso che, un giorno, verranno anche loro nel bosco a piantare alberelli, qualora ce ne fosse bisogno, capito? Allora, sentiamo il patto!*

— *Verrò a scuola con te!* — gli ho risposto — *Però, però... ti prego, non dirmi di no e soprattutto niente lacrime.*

— *D'accordo Bat, dimmi pure!*

— *Ecco, io vorrei tornare a vivere stabilmente nel mio bosco* — gli ho confessato.

Lui è diventato cupo in volto: — *Uhm, tale possibilità per ora non la condivido, tuttavia... tu, Bat, ti senti veramente pronto per il grande passo?*

— *Altroché! Credo che sia giunto il momento buono per compierlo. L'inverno è alle porte e la mia condizione metabolica è già predisposta per il meritato letargo* — gli ho risposto.

— *Bat, tu lo sai che il bosco ancora non si vede?* — mi ha fatto notare lui.

— *Per il momento mi accontenterò di quei pochi alberelli* — gli ho spiegato con piglio più convincente.

Lui ha scosso il capo.

— *Allora, lo facciamo questo patto, sì o no?* — ho insistito.

A quel punto lui ha gonfiato le guance e ha sbuffato forte: — *Che ci posso fare? Se è questo che desideri, vada per il patto!*

— *GRUGNNNNNNN! Non te ne pentirai, Attilio. Questa è la miglior scelta. Poi non vorrei crearti problemi nel tuo lavoro. E' giusto così!* — gli ho ripetuto.

Lui non ha risposto, tuttavia hanno parlato i suoi occhi, che sono diventati lucidi lucidissimi. A scuola mi sono trovato bene perché si è parlato tanto del mio bosco. Attilio ha disegnato sulla lavagna la quercia gigante ed ha iniziato a parlare sul conto degli alberi.

— *Una quercia per diventare alta e grossa impiega molto tempo, un sughereto impiega molto tempo, un castagno impiega molto tempo, solo il mago impiega poco tempo per farli sparire* — ha detto Attilio con il timbro di voce tipico di un vero maestro — *Ora, disegnate sul quaderno una quercia!* — ha continuato.

Tutti si sono divertiti a scarabocchiare querce, alla fine l'aula sembrava un vero bosco.

Secondo me, Attilio è un bravo maestro, il più bravo di tutti! Di questo me ne sono accorto in quella mattinata trascorsa a scuola, perché gli alunni lo avevano ascoltato con molto interesse nonostante ci fossi io.

Ora, dico che farsi ascoltare è la dote migliore che possa avere un maestro.

Bravo! Bravo! Bravo! Tre volte bravo, Attilio.

Lui accenna un sorriso.

Ora che sono qui nel mio bosco e un nuovo capitolo sta per aprirsi nella mia vita, il cuoricino fa degli strani battiti al pensiero di distaccarmi da Attilio. Le immagini di questi due mesi e mezzo, trascorsi insieme, scorrono rapidamente nella mia testolina. Sembra tutto così lontano! Comunque sono consapevole di essere un porcospino ed è appunto per tale condizione che ho bisogno del mio habitat naturale, per vivere dignitosamente la mia vita. Il bosco ed io siamo la stessa cosa... siamo come un mosaico, ecco siamo così! Se viene a mancare uno di noi, nessuno capirà cosa siamo. Vi pare poco questo! Per tale motivo ho deciso di tornare a vivere qui.

Almeno qualcuno potrà dire: " *Toh, finalmente un bel bosco!*".

Qualcun altro: " *Ecco qua un vero porcospino!*".

Insomma, io e il bosco siamo IN-SE-PA-RA-BI-LI.

Riparlando del lavoro di Attilio devo dire che sono contento per lui. Spero tanto che tra breve si decida e faccia un discorso serio a Carla. La storia della mogliettina mi sta a cuore.

— *Bene, bene, cos'altro dire Attilio?* — gli domando.

— *Credo, Bat, che tu abbia espresso al meglio il tuo pensiero* — mi risponde, scrivendo velocemente con la sua biro a inseguire i miei grugniti.

— *Allora, il libro è finito?* — domando con una certa ansia nell'attesa che appaia improvvisamente il bosco, o che i sughereti ritornino da quel viaggio degli ottanta giorni.

— *Diciamo di sì, Bat* — mi risponde.

— *Dimmi un'altra cosa, Attilio: se questo libro farà la stessa fine* dell'articolo giornalistico, insomma non avrà successo ecco, i maghi, in futuro, continueranno a far sparire boschi?

— *Mah!*

— *Le nostre fatiche letterarie saranno inutili, vero Attilio?*

— *Non esattamente, Bat. Nulla si compie per caso, soprattutto quando si scrive un libro, inoltre ci siamo anche divertiti, no?*

— *Grugnnn!*

— *La tua voce, inoltre, tralasciando pure gli effimeri successi, resterà per sempre quale giusto e vero insegnamento per tutti i possibili futuri maghi.*

— *Non ti seguo Attilio.*

— *Vedi, Bat, il libro è come uno di questi alberelli che abbiamo piantato qui intorno, tuttavia, a differenza di questo pezzo di terra, esso si pianta nel cuore e nella mente dei ragazzi e degli uomini. Con il tempo, non si sa quanto, tutto dipende, si vedranno i risultati che sicuramente proteggeranno tutti i boschi e tutti i porcospini che verranno.*

Io rimango come incantato dalle sue parole e una lacrimuccia mi scivola via: — *Sai, Attilio, sono felice di averti incontrato.*

— *Vale lo stesso per me, Bat.*

— *Verrai ogni domenica a trovarmi Attilio?*

— *Senza nessuna ombra di dubbio, Bat.*

— *Grazie, Attilio.*

Lui controlla l'orologio e nei suoi occhi leggo un velo di tristezza.

— *E ora di andare, Bat* — mi dice con la voce traballante di un non so che; credo, emozione, nostalgia, affetto, comprensione, umanità, cuore, tenerezza e amore per la vita.

— *Io, fra poco, inizierò a scavarmi una bella tana. L'inverno è alle porte!*

— *Già, Bat. Ti lascio al tuo lavoro.*

In segno di ringraziamento gli do una leccatina alla mano: — *Allora, Attilio, ti aspetto per domenica!*

— *D'accordo, Bat.*

— *E mi raccomando, insisti con Carla!*

— *Va bene, grande amico mio.*

— *Ah, un'altra cosa: per domenica prossima potresti portarmi un barattolino di miele d'acacia?*

Lui annuisce e sorride, poi, lentamente si allontana: — *Ciao Bat, a presto!* — grida sollevando le braccia al cielo.

— *GRUGNNN! GRUG... GRUG...*

— *Vuoi che scriva qualcos'altro, Bat?*

— *GRUGNNN!*

— *Dimmi pure Bat!*

Decimo Lucio Todde

Un'ultima considerazione

Appena rientrato a casa dal bosco, ho sentito l'esigenza di rimettermi a scrivere per aggiungere poche parole. In questi due mesi e mezzo ho accarezzato i sogni di un porcospino, l'unico sopravvissuto all'incendio doloso del bosco della Quercia Gigante. Il mio desiderio si è realizzato: ho riportato alla vita una piccola creatura sottoposta alla più barbara delle ingiustizie.

In fondo Bat rappresenta qualcosa di più autentico e profondo: è quella voce insopprimibile della natura che nessun mago o piromane, che dir si voglia, potrà far scomparire. E' la voce della vita stessa che, inconsapevole di ogni male, va per il suo imperscrutabile destino.

Un saluto a tutti con affetto.
Il maestro Attilio.

Note biografiche

Decimo Lucio Todde è nato nel 1958 a Siniscola (Nuoro). È un fotografo free-lance. Vive tra Siniscola e Budoni (Sardegna). In età giovanile ha vissuto per alcuni anni in Brianza per motivi di lavoro. Diplomato alle scuole magistrali.. La letteratura, intesa come libera espressione dell'anima, è la sua antica passione giovanile, che tuttora permane ed anzi, si è arricchita di quelle cariche morali e psicologiche che soltanto il tempo sa profondere. La letteratura quasi come magia; lettere che dal nulla prendono forma e vanno a costituire storie inventate o reali, alla pari dell'immagine fotografica che si fissa in camera oscura. Non a caso è la fotografia, l'immagine rapita al mondo che in fretta si dilegua, l'altra faccia della sua espressione artistica.

La sua letteratura può definirsi *"Letteratura dell'Anima"*, poiché l'azione letteraria è tesa a costruire nella realtà, nell'ambiente sociale, un progetto di vita in funzione, appunto dell'anima ed è mirata alla *"Comprensione e superamento del male"*. I suoi racconti nascono in maniera spontanea e affondano le radici in un mondo infantile vissuto nel ritmo sereno della natura e dei buoni sentimenti familiari.

Indice

www.ingramcontent.com/pod-product-compliance
Lightning Source LLC
Chambersburg PA
CBHW050455290526
45786CB00006B/2307